Schiffstagebuch

Das erste Erlebnis einer Reise ist die rätselhaf-
te Ausdehnung der Möglichkeiten nicht nur
in die Richtung, in die man reist, sondern
in alle Richtungen, und es bedarf besonderer
Geistesgegenwart, um in der plötzlich um ein
Vielfaches angewachsenen Welt nicht seine Si-
cherheit zu verlieren.

Béla Hamvas, *Kierkegaard in Sizilien*

Cervantes in São Paulo

I

Über Kap Hoorn nach Montevideo

Schiffstagebuch I

I

Man fliegt nicht einfach so quer über den ganzen Globus, jedenfalls nicht, wenn man an dem Ort, an dem man nach zwölfstündiger Reise landet, eigentlich nichts zu suchen hat. Die Welt existiert unaufhörlich, ununterbrochen, überall. Man sieht es schon bei der Landung, Lichter, so weit das Auge reicht, rollende Autos, Züge, ein anderes Flugzeug in der Luft. Alle wußten von der Ankunft, Zoll, Polizei, Taxichauffeure. Auf der Autobahn ins Zentrum von São Paulo kommt der Verkehr zum Erliegen. Verzweifeltes, vieltöniges Gehupe, das nach Hause will, Tuben von Lastwagen und Bussen, Trompeten und Saxophone vom Rest. Kakophonie, aber ohne Struktur, Fetzen, die durchs Gehirn irren, auf der Suche nach einem Opfer. An wie vielen Stellen der Welt steht in diesem Augenblick der Verkehr still? Die Doppelreihe qualmt und kriecht, der frühe Abend ist grau und düster, obgleich hier Sommer ist, hohe Wohnblocks, im Moment ist nichts reizvoll, hinter fernen Fenstern bewegen sich Schemen, die weißen Flecke des Fernsehens.

Es sind Augenblicke, an die man sich auf dem Sterbebett nicht erinnern will, in die Länge gezogene, eine angestaubte, leicht eklig gewordene Zeit, die am nächsten Tag wie ein alter Lumpen von einem gezogen wird, doch erst einmal schlafen, erst einmal in dieses unbekannte, ungeliebte Zimmer, das zwischen den Wänden mit der pappfarbenen Tapete, dem Badezimmer mit den diarrhöfarbenen Fliesen, dem lauwarmen Wasser aus dem Hahn und dem Radio der Nachbarn ebenfalls seit einer

Ewigkeit für einen bereitsteht. Dann möchte die Zeit einen wissen lassen, daß ihr Ablauf vergiftet ist, mitten in der eigenen Nacht geht die Sonne auf, und erst Stunden später ist es Morgen. Ich bin hier schon mal gewesen und werde später zurückkehren, alles, was ich jetzt zu tun habe, ist, einen Tag lang umherzustreifen, bevor ich nach Santiago de Chile weiterreise.

Der erste, dem ich begegne, ist Cervantes. Er sitzt merkwürdig aufrecht da, zwei Beine sehr entschlossen nebeneinander auf den Boden gestemmt. Keine Übertreibung, die Zahl zwei, das Bild besteht auf diesem lächerlichen Nachdruck. Die Beine sind glatt und hoch wie Säulen, als habe der Bildhauer nicht gewußt, wie man Strümpfe gestaltet. Cervantes' noch junges Haupt steckt fest im Mühlkragen, ein Mann, der mit seiner Sprache auf diesen fremden Kontinent gereist ist und sich nicht darüber wundert, daß die Welt dort so geblieben ist, wie sie früher war, Kriege, wie er sie erlebt hat, Gefangenschaft, wie er sie gekannt hat, Herrscher und Sklaven, er sieht mich leicht schräg von der Seite an, als müsse er mir alles mögliche erklären, dort, unter den Palmen. Seltsamer Beruf, Standbild, immer nur dasitzen, um Menschen an etwas zu erinnern. Ob es jemanden gibt, der an ihm vorbeigeht und denkt, eigentlich müßte ich doch mal ein Buch von ihm lesen? Ich weiß nicht, ob das so funktioniert. Wir treffen uns um fünf vor dem Cervantes-Denkmal – ja, für so etwas sind Standbilder gut.

Am nächsten Tag fliege ich von der einen Küste zur anderen, über Paraná, über den Süden Paraguays, über den großen, wilden trockenen Norden Argentiniens und das gefräßige Gebiß der verschneiten Kordilleren, hinter denen Chile liegt, als gehöre es nicht zur übrigen Welt.

12

2

Mein Leben wird von Schriftstellern bestimmt. Abend in Santiago de Chile. Ich esse im tiefen Blau, Azul Profundo, einem Neruda-Restaurant. In Amsterdam gibt es eine Proust-Bar, ein Bordewijk- und ein Kafka-Restaurant, doch keines dieser Etablissements hat einen wirklichen Bezug zu einem Schriftsteller. Das ist hier anders. Fotos, Bugspriete, Galionsfiguren, Gedichte, alles ist da, der Dichter kann jeden Moment eintreten und die ungebetenen Gäste hinausjagen. Später gehe ich am Palast seines Freundes Allende vorbei. Da ist der berühmte Balkon von jenem letzten Foto, in meiner Erinnerung sehe ich den Mann mit dem hilflosen, etwas schief über der zu großen Brille sitzenden weißen Helm, der mit seiner Waffe heraustritt, als wolle er Pinochet vertreiben, ein Intellektueller, der sich in die Welt der Gewalt verirrt hat. Die U-Bahnstationen, an denen ich vorbeikomme, heißen Heroes und Escuela Militar, die Armee ist noch immer nicht weit. An der Alameda O'Higgins liegt die altmodische *confitería* Torres, in der Allende zusammen mit allen anderen Präsidenten Chiles an der Wand hängt, würdevolle rechts oder links denkende Herren im Frack mit Schärpen und Ehrenkreuzen. Der Ober, der aussieht wie ein Schauspieler, der einen alten Minister geben soll, folgt meinem Blick und sagt: »Fueron todos presidentes, y todos murieron«, sie alle waren Präsidenten, und alle sind gestorben, und ich erwidere: »Aber nicht auf die gleiche Weise.« Er macht eine flüchtige Handbewegung, ach, was soll's, und versucht mir dann zu erklären, was das Wort *locos* bedeutet, das ich auf der Karte gesehen habe. Es steht bei den Fischgerichten, damit ist das schon mal klar, aber in Spanien bedeutet *locos* einfach

13

Isla Negra, Chile. Das Grab Pablo Nerudas

Nerudas Bar

14

Verrückte, und es hilft mir nicht weiter, daß er immer nur auf seine Handfläche zeigt. Doch die offene Hand ist eine Muschel und ein *loco* (den ich später nicht im Wörterbuch finden kann) eine Art Abalone, die sich nicht in eine Dose hat sperren lassen.

Am nächsten Morgen fahre ich durch eine dürre Landschaft zur chilenischen Küste. Antonio Skármeta, einst chilenischer Exilant in Berlin, danach mein Hausherr in dieser Stadt, später chilenischer Botschafter in Deutschland, ist wieder zu dem geworden, was er war, bevor er während der Pinochet-Diktatur flüchten mußte: Schriftsteller, und er hat dafür gesorgt, daß ich Nerudas Haus auf der Isla Negra, der schwarzen Insel, besuchen kann. Von ihm stammt *Mit brennender Geduld*, die Geschichte von Neruda und seinem Postboten, die durch den Film *Il Postino* mit Mastroianni berühmt wurde.

Der Ozean ist wild an diesem Tag, man sieht von dem Haus aus, das sehr viel Ähnlichkeit mit einem Schiff hat, die Brandung gegen die Felsen schlagen. Seekarten, Himmelsgloben, Galionsfiguren mit Brüsten für die Gischt, ein fliegender Engel aus dem dunkelsten Holz, Bilder Ilja Ehrenburgs, Baudelaires, Gedichte von Du Bellay, von Leopardi, von Dante, ein Schrank mit den übergroßen Kleidungsstücken des Dichters selbst, sein Nobelpreis-Smoking, seine mächtigen Schuhe, sein großkariertes Tweedjackett, ein Flur voller Masken, die Bar, in der er seine Freunde bediente, Cocktails mit Cointreau und Kognak, die Schürze, die er dabei trug und die niemand anfassen durfte, ein Reklamebild von Old Scotch Whisky, King George IV. mit Königsmantel und Strumpfband neben dem rennenden Johnny Walker, Krüge, Gläser, Fla-

15

schen, alles um eine Nummer größer als in der normalen Welt. Sein Grab unten im Garten gleicht einem Doppelbett, dort liegt er zusammen mit Matilde Urrutia, die ihn um zwölf Jahre überlebte, ganz in der Nähe zwei riesige Anker und auf dem Grab selbst ein großer Stein, es sieht aus, als habe jemand Angst gehabt, der Dichter wolle sich nachträglich noch davonmachen. Er starb zwölf Tage nach dem Putsch. In den letzten Tagen vor seinem Tod schrieb er hier an seiner Autobiographie *Confieso que he vivido*, Ich bekenne, ich habe gelebt. Es sind bittere Worte über die Welt, die sein Land verraten hat, indem es diesen Staatsstreich zuließ. Mit Gewalt wurde eine demokratisch gewählte Regierung vertrieben, die versucht hatte, endlich etwas Gerechtigkeit zu schaffen: »Die Version der Angreifer lautet: sein lebloser Körper wurde mit sichtlichen Zeichen des Selbstmords gefunden. Die im Ausland veröffentlichte Fassung lautet anders. Gleich nach dem Luftbombardement traten Panzerwagen in Aktion, viele Panzerwagen, um furchtlos gegen einen einzigen Mann zu kämpfen: den Präsidenten der Republik Chile, Salvador Allende, der sie in seinem Arbeitszimmer erwartete, ohne weitere Gesellschaft als sein großes Herz, umgeben von Rauch und Flammen.« Der unfriedliche Ozean hämmert gegen die Felsen, das Geräusch der Brandung muß, wie bei Chateaubriand in Saint-Malo, bis in beider mächtiges Grab dringen. Die schönste Liebesdichtung neben fatalen Oden an Stalin, dieser Mann spielte in einem fort auf der gewaltigen Orgel seiner Sprache, die halbe spanischsprachige Welt hat seine Gedichte gestohlen, um Liebesbriefe zu schreiben. Auf einer marmornen Gedenkplatte, die »die Spanier von der *Winnipeg*« für ihn errichtet haben, stehen seine eigenen Worte:

16

todos fueron entrando al barco
mi poesía en su lucha había logrado
encontrarles patria
y me sentí orgulloso

(alle kamen an Bord/meiner Poesie war es, durch ihren Kampf, gelungen,/ein Vaterland für sie zu finden/und ich war stolz darauf). Während des Bürgerkriegs war es Neruda und seinen Freunden wie Diego Rivera gelungen, von Paris aus ein Schiff zu chartern, auf dem spanische Intellektuelle und Künstler der Rache des Franco-Regimes entkommen konnten. Es war der Beginn einer langen Periode des Exils, das sich über die gesamte spanischsprachige Welt ausgebreitet und enorme Auswirkungen gehabt hat. Dieses Schiff war die *Winnipeg*.

3

Die *MS Deutschland*, das schöne, altmodische Schiff, auf dem ich gut zwei Wochen lang nach Kap Hoorn und weiter bis nach Buenos Aires reisen werde, liegt in Valparaíso auf Reede. 22 400 Tonnen, 175 Meter lang, Eichentäfelung, blankpoliertes Messing, nicht eines dieser modernen schwimmenden Wohnsilos, die ich im Sommer in Spanien sehe. Es ist unvermeidlich, daß ich an Slauerhoff denke. Wie oft war er hier, als er die Südamerikaroute fuhr? Von Deck aus muß er dann, wie ich jetzt, die sacht ansteigenden Hänge der Stadt betrachtet haben und dahinter in der Ferne die weißen Gipfel der Anden. Aber nein, als ich viel später Slauerhoff zusammen mit Valparaíso bei Google eingebe, bekomme ich zwar eine Site der Weespertrekvaart-Männer mit Seemannsliedern, doch unter ihnen findet sich kein Text von Slauerhoff. Ein typisches Beispiel für die Kraft der Legende, der Dichter war zwar oft in Südamerika, allerdings auf der anderen Seite des Kontinents, dort, wo ich hinfahre. Immerhin bleibt mir ein Lied von Sting:

> *Red the port light, starboard the green,*
> *How will she know of the devils I've seen*
> *Cross in the sky, star of the sea*
> *Under the moonlight, there she can safely go*
> *Round the Cape Horn to Valparaiso.*

Ich verdiene mir die Reise in der Admiralskajüte durch zwei Lesungen, von denen ich eine gemeinsam mit meinem Freund Rüdiger Safranski bestreiten werde, der solche Touren schon früher gemacht hat. »Aber dann bist du ein Bediensteter«, sagte der berühmte Kollege aus den Niederlanden treffsicher wie immer, als ich ihm von der bevorstehenden Reise erzählte. »Genau«, antwortete ich, »wie 1957, als ich zum erstenmal nach Südamerika fuhr und die Überfahrt dadurch bezahlte, daß ich Toiletten schrubbte und die Herren Offiziere bei Tisch bediente. Das surinamische Schiff, auf dem ich war, ging später bei Tobago unter, und die Hügel von Tobago waren das erste, was ich von diesem Kontinent gesehen habe.« Bediensteter unter Bediensteten: An Bord sind weiterhin ein Gitarrist, eine Sängerin, eine Klassik-Pianistin aus Aserbaidschan, ein paar Tänzerinnen mit sehr langen Beinen, ein Zauberkünstler. Außerdem bildet das Schiff die Kulisse einer sentimentalen Fernsehserie, *Das Traumschiff*, die ich nie gesehen habe, die aber in Deutschland sehr populär ist. Alle echten Offiziere, inklusive vielleicht sogar des Schiffsarztes, haben also einen fiktiven Doppelgänger, und das gilt auch für die schmetterlingsgleichen Schauspielerinnen, die wir manchmal unter Filmscheinwerfern über das Deck huschen sehen. Das verleiht dem Ganzen etwas Unwirkliches, das mir gut gefällt.

Der *richtige* Kapitän ist ein über vierzigjähriger Beau garçon, der in jedem englischen Kriegsfilm einen deutschen Offizier spielen müßte. Außerdem ist er ein echter Leser – wer immerzu um die Welt fährt, hat viel Zeit. Wenn er Landurlaub hat, wohnt er in Paris. Ich werde viele Stunden mit ihm auf der Brücke zubringen, ein Jungentraum, der mir geblieben ist. Er erzählt mir, daß manche Passagiere regelmäßig wiederkommen. Einsame Menschen, sagt er, die es an Land allein nicht mehr aushalten und manchmal ein halbes Jahr lang mitfahren, die Crew ihre Ersatzfamilie.

Puerto Montt ist der erste Hafen, in dem wir anlegen, zwischen lebhaftem Hin und Her kleiner Boote, vollbepackt mit Blöcken aus schwarzem gepreßtem Tang. Wenn man Chile für einen Moment vom Rest des Kontinents ablöst, sieht man, wie unendlich schmal und lang das Land ist, viele Tausende Kilometer. Puerto Montt ist eine Provinzstadt, Hauptstadt der X. Region. Nach Süden zu wird das Land immer leerer, die Nummern der Regionen höher. Puerto Montt ist bis zur Antarktis (XII. Region) die wichtigste Stadt. Wir waren ein paar Tage auf See, lange genug, um uns an den sich wiederholenden Tagesablauf zu gewöhnen. Das Leben an Bord hat Ähnlichkeit mit einem Kloster, alles geschieht zu festen Zeiten, und man kann nicht weg. Nach einer Weile hat man seine Schritte dem sanften

Schaukeln angepaßt, der feste Boden an Land fühlt sich danach merkwürdig an. Ich lese die Zeitung mit der Lokalpolitik, vor dem Hintergrund der Anden auf der einen und dem Ozean auf der anderen Seite steht eine neunköpfige Jungengruppe und gibt auf großen Trommeln ein aufwühlendes Konzert, so laut, daß man es bis in die Berge hören kann. Holzschiffe hängen schief am Kai. Auf irgendeiner Mauer steht, daß Lesen ein Rettungsanker gegen die Langeweile ist, wohlgemerkt. Ich lese nun schon seit Tagen die unglaubliche Geschichte *Sailing Alone Around the World* von Joshua Slocum, der auf seinem eigenhändig gebauten Schiff zwischen 1895 und 1898 als erster allein die Welt umsegelte. Hätte er diese Reise jetzt gemacht, so hätten wir ihm begegnen müssen, denn er segelte über Kap Hoorn und die Magellanstraße in Gegenrichtung entlang dieser Küste nach Norden zu den kleinen Inseln Juan Fernández und San Félix, die Schouten und Le Maire bereits 1615 auf dem Weg nach Indien besucht hatten, kleine Flecke weit entfernt im Ozean, die wir rechts liegenlassen. Unweit von Puerto Montt befindet sich Puerto Varas, ein kleiner Hafen am Llanquihue-See. Dort sehe ich auch meinen gepreßten Seetang wieder, bestimmt für die Fischsuppe. Auf hohen Pfählen steht ein Holzgebäude im Wasser, man geht auf einem Steg an den vielen Küchen mit Fischen, Garnelen, Krabben und großen Seeigeln entlang und sucht sich einen Platz mit Blick auf den schneebedeckten Vulkan. *Local 20*, von Silvia. Eine Holzveranda über dem Wasser, ein ferner Vulkan mit Eismütze, um mich herum das weiche Schnurren des chilenischen Spanisch, aus dem kleinen Transistorradio über dem mächtigen Herd kommt ein Lied über eine große entschwundene Liebe, und meine eigene Welt rückt in immer weitere Ferne.

4

Die Insel Chiloé, der Golf von Ancud, der Golf von Corcovado – Binnengewässer, die mit dem Ozean verbunden sind. Weil es so still ist, hat man das Gefühl, das Schiff schleicht. Das Wasser ist fast schwarz, bewegt sich nicht, glänzt wie polierter Marmor. An Land ist nichts zu erkennen, das nach Besiedelung aussieht. Dann ein kleiner Hafen, in dem wir nicht anlegen, Puerto Aguirre. Fjorde, Winter, auch wenn hier Sommer ist. Geheimnisvoll, all die Hügel links und rechts, mit niedrigen Wäldern. Ich stehe auf dem Vordeck, sehe, wie das Schiff das Wasser aufbricht. Weil das so langsam und still vor sich geht, scheint es, als würden zwei große Seidentücher auseinandergebreitet. Auf diesen Hügeln muß sich alles mögliche tummeln, Eulen, Füchse, Schlangen, vielleicht sogar Menschen, aber zu sehen ist nichts und auch nicht zu hören. Schwere Wolken, eisenfarbenes Licht, später Regen.

Das Leben an Bord geht seinen eigenen rituellen Gang, ein Tag verschwindet im nächsten, wir kommen in die Nähe der Magellanstraße, und wieder möchte sich die Phantasie alles mögliche ausmalen, wie der Portugiese als erster diese Passage fand, was sein Chronist in den Berichten über die hier lebenden Indianer vermerkte, und die Mythen, die aus diesen Chroniken hervorgingen – und dann möchte die Phantasie die patagonischen Riesen aus diesen Mythen sehen, doch es gibt nichts zu sehen, tagelang fährt das Schiff unter einem mächtigen Wolkengewölbe dahin, an Backbord stets diese ewige Küste ohne Häuser und Menschen.

Manchmal gehe ich auf die Brücke, um mir die Seekarten anzusehen, die Tiefen- und Entfernungsangaben,

21

doch am meisten interessieren mich die Namen. Wenn alle diese Orte einen Namen haben, warum wohnt hier dann niemand? In meinem Tagebuch berichte ich von einer blonden Russin mit eisblauen Augen, aber auch von einer »engen Passage mit hohen Bergen« zwischen Abismo und Sor Amalia. Einmal sehe ich ein Boot mit einem Fischer, und alles beugt sich über die Reling und schaut zu ihm. Er lacht und winkt, aber wo wohnt er? Nirgends ein Dorf, Haus oder Hafen auszumachen.

Wir überqueren den 52. Breitengrad, Isla Ramírez, Isla Contreras, Isla Pacheco, und das sind die Inseln, die auf meiner Karte noch einen Namen tragen, um sie herum liegen unzählige blau umrandete namenlose grüne Flecke, die, sofern dort doch Menschen wohnen, auf detaillierteren Karten zweifellos ebenfalls Namen haben. Am frühen Morgen die Isla Fulgate am Eingang zur Meerenge, langsam fahren wir ein, in der unendlich weiten Mündung passieren wir erst den Leuchtturm Evangelistas, später zwei andere, einen an Steuerbord, einen an Backbord, namens San Félix und Fairway. Auf der Landkarte kein einziger Ort, keine einzige Straße, keine Bahnlinie, kein Flugplatz, die Berge sehen immer höher und gefährlicher aus, diese gesamte Küste ist ein einziges grenzenloses Reservat, für Abenteurer muß es das Paradies sein. Die wenigen Indianer, die hier noch leben, machen von ihren Kanus aus Jagd auf Seehunde und Fisch, wie sie es vor zehntausend Jahren taten.

Langsam drehen wir um die Península de Brunswick nach Norden. Der nächste Hafen ist Punta Arenas, die südlichste Stadt Chiles. Es ist Nacht, wir liegen auf Reede, an Land sehe ich Autos und Lichter, seltsam nach all

Einer der Indianer am Magellan-Denkmal

den Tagen auf See mit nichts anderem als menschenleeren Landschaften und dem Meer. Am nächsten Morgen bietet die Stadt im Frühlicht einen schönen Anblick, niedrige Häuser vor dem Hintergrund brauner Hügel. Das Wasser im Hafen glatt, kalter Satin. Zwei schlepperartige Schiffe ankern in seiner Mitte. Gestern haben wir Kap Froward passiert, ich habe etwas aufgeschrieben über Vögel, das ich jetzt nicht mehr entziffern kann, Wasservögel, deren Flügel länger sind, als ihr (weißer) Rumpf breit ist. Von Arica im Norden Chiles bis hier sind es mehr als 5000 Kilometer, von Santiago gut 3000. Große Länder haben das, Orte, in die sie Gefangene abschieben können oder an die man verbannt werden kann, die chinesische T'ang-Dichtung ist voller Heimweh nach dem Hof und der Hauptstadt, und vielleicht ist es hier nicht anders. Die südlichste Stadt der Welt, sagen die Chilenen, aber eine Tagesreise weiter kommt Ushuaia, und das liegt in Argentinien und, wie es aussieht, gut einen Grad weiter südlich.

Auf dem Hauptplatz von Punta Arenas eines dieser Standbilder, die in ihrer Unschuld eine pathetische Geschichte voller Widersprüchlichkeiten verkörpern sollen. Als erstes sieht man einen gigantischen Fuß. Küsse und Streicheln haben die Bronze in glänzendes Gold verwandelt, die Alchimie des Aberglaubens: Wer den übergroßen Fuß dieses Tehuelche-Indianers küßt, wird wiederkommen. Nur wird er dann keinen Tehuelche mehr vorfinden – von den ursprünglichen Bewohnern dieser Regionen haben lediglich einige überlebt. Der Besitzer des Fußes sieht stark genug aus, er sitzt grübelnd auf einem runden Bogen, das Bein mit diesem Fuß bis weit über den Rand gestreckt wie eine katholische Heiligenfigur, und er grübelt wohl zu Recht, denn genau über ihm (und über den drei Indianern anderer Stämme auf den anderen Seiten des Denkmals) steht der große Entdecker Fernando de Magallanes, der die Durchfahrt vom Atlantischen zum Pazifischen Ozean entdeckte und so der erste gewesen wäre, der die Welt umsegelte, wäre er nicht bei einem Gefecht in Asien ums Leben gekommen.

Mit fünf spanischen Schiffen war er, der Portugiese,

von Spanien aus aufgebrochen. Die Ausmaße eines solchen Unternehmens werden wir wohl nie ganz erfassen können – es ist allenfalls mit der Raumfahrt zu vergleichen –, doch so gefährlich und lang ein Flug zum Mars auch sein mag, hier weiß man im Unterschied zu einer damaligen Expedition, wohin die Reise geht und wie lange sie dauern wird. Magelhaens (jeder schreibt seinen Namen anders) wußte im Grunde weder das eine noch das andere. Auf der Karte von Martin Waldseemüller aus dem Jahr 1507 hieß das, wohin er segeln wollte, schlichtweg die Neue Welt, und an der Küste, an der er schließlich landete, auf halber Höhe Patagoniens, war vor ihm noch nie ein Europäer gewesen. Seine eigenen Landsleute hatten kein Vertrauen zu ihm, doch Karl V. und Johanna die Wahnsinnige unterzeichneten am 22. März 1518 eine *capitulación* (und das bedeutet hier einen Vertrag) mit Magellan (wie wir ihn nennen), demzufolge dieser ein Fünftel von allem erhalten sollte, was »die neuen Länder« an Einkünften erbringen würden. Am 20. September 1519 ging er auf eine Reise, die von Schicksalsschlägen und Auseinandersetzungen geprägt sein sollte, auf der er aber doch die Durchfahrt entdecken sollte, die der arabische Kartograph Al-Chwarizmi bereits 833 in Bagdad auf einer Karte eingezeichnet hatte. Wie das möglich war, ist ein Rätsel, dessen Lösung ich nicht kenne.

Magellans Schiff war die *Trinidad*, die anderen waren die *San Antonio* unter dem Kommando von Juan de Cartagena, die *Concepción* unter Gaspar de Quesada, die *Victoria* unter Luis de Mendoza und die *Santiago* mit dem Kapitän Juan Serrano, eine katholische Invasion mit Hilfe von Dreifaltigkeit und Unbefleckter Empfängnis. Schon bald änderte Magellan den ursprünglichen Reiseplan, was zu Differenzen mit de Cartagena führte, der von Karl V. als *veedor general* eingesetzt worden war – also so etwas wie ein höherer Aufseher. Der autoritäre und sehr mißtrauische Magellan entzog ihm den Befehl über sein Schiff, was später zu großem Ärger führen sollte. Die andcren Kapitäne wollen eincn geschützten Hafen für den Winter aufsuchen, Magellan jedoch will nichts davon hören und setzt seinen Willen durch, obwohl er weiß, daß die Berechnungen, die er anhand seiner Karten angestellt hat, nicht stimmen. Nach einer ersten Landung in Brasilien segeln sie weiter nach Süden und finden am 31. März 1520 eine geschützte Bucht, die sie San Julián nennen; hier wollen sie überwintern. Es muß eine eigenartige Gesellschaft gewesen sein, voller Argwohn und Groll. Die Männer sind seit sechs Monaten fern der Heimat, die Vorräte gehen zur Neige, die Durchfahrt ist noch immer nicht gefunden. Man erwartet ein Drama, und das tritt auch ein.

Drei Kapitäne, de Quesada, de Mendoza und de Cartagena, rebellieren, sie nehmen Magellans Neffen, Álvaro de Mezquita, auf der *San Antonio* gefangen und haben nun den Befehl über drei Schiffe. Magellan selbst hat nur noch die *Trinidad* und die *Santiago*. Dann aber begehen die drei Meuterer einen folgenschweren Fehler. Sie bitten um ein Gespräch mit dem Kommandanten. Magellan willigt ein, sie entsenden eine Abordnung, die von Magellan sofort gefangengesetzt wird. Daraufhin schickt er den *alguacil* (Wachtmeister) der Flotte mit einer schriftlichen Botschaft auf de Mendozas Schiff, doch noch während dieser sie liest, sticht der *alguacil*, Gonzalo Gómez de Espinosa, ihn nieder. Eine kleine Gruppe bewaffneter Männer und ein plötzlich aufkommender Sturm, der die Schiffe aufeinander zutreibt, erledigen den Rest, die Meuterer ergeben sich und werden vor ein Gericht gestellt, das aus dem Rest der Besatzung besteht. Ich versuche es mir vorzustellen: die wilde patagonische Küste, ein paar Spanier, fünf Schiffe in einer Bucht, ein Prozeß. Das Schafott ist bereits errichtet, das erste in Patagonien, das zu diesem Zeitpunkt noch nicht so heißt. Es geht hier um Hidalgos, und ein Hidalgo hat einen Schildknappen, dessen Aufgabe es ist, seinen Herrn zu beschützen. Das perverse Urteil lautet, daß de Quesadas Schildknappe seinen Herrn enthaupten muß. Tut er es nicht, so bedeutet es seinen eigenen Tod. Er tut es. Danach werden die Leichen des zuvor schon getöteten de Mendoza und die de Quesadas geviertteilt und zur Schau gestellt. Die meisten anderen werden verschont, schließlich muß die Flotte weiter.

Zwei Monate später kommt es zum ersten Kontakt mit der Bevölkerung, und das wirft ein anderes Licht auf den übergroßen Fuß des unterhalb von Magellan sitzenden Indianers, wenngleich das vielleicht nicht so beabsichtigt war. Der Chronist auf dieser Reise ist ein junger Venezianer, Antonio Pigafetta. Er war der erste, der von den großen Füßen der Patagonier berichtete, und nicht nur von ihren Füßen – wenngleich sie denen ihren Namen zu verdanken haben –, auch vom Rest ihrer Gestalt. Er nennt sie Riesen, und das kam in Europa gut an. Daß sich seine Inspiration denselben Ritter- und Abenteuerromanen verdankte, auf die auch Don Quijote so versessen war, ist lediglich ein Teil aller Theorien, die je zum Namen Patagonier ersonnen wurden. Ob sie nun wirklich so groß waren – die Durchschnittsgröße der Spanier lag zu jener Zeit bei lediglich einem Meter fünfzig – oder ob sie der Kälte wegen Tierfelle an den Füßen trugen, dieses Thema beschäftigt den schreibenden Reisenden jedenfalls noch jahre-

27

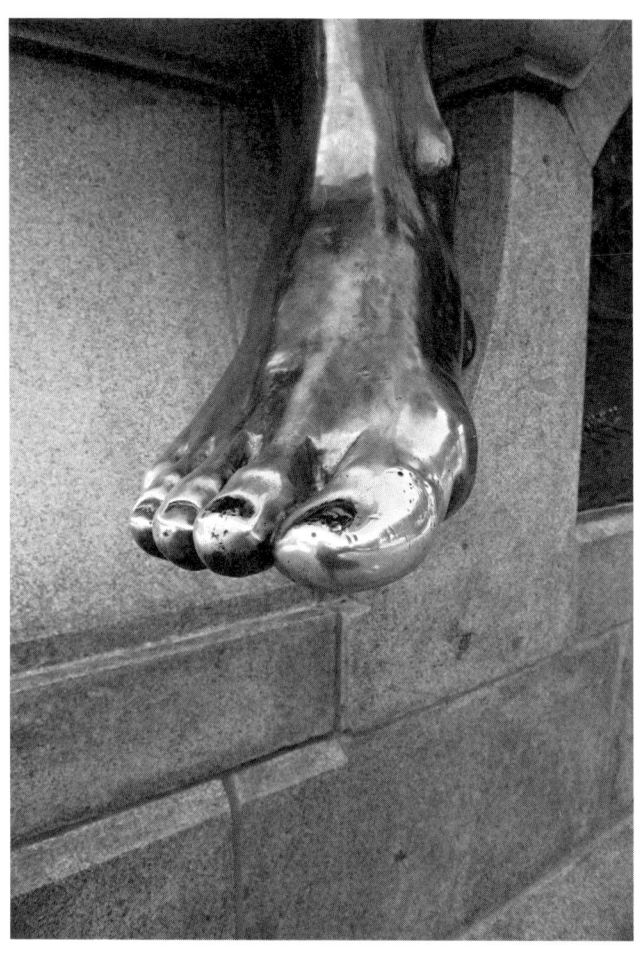

Magellan-Denkmal, Detail

lang. Wie dem auch sei, der riesige Fuß auf dem windigen Platz glänzt im kalten Sonnenlicht wie Petrus' Zeh in der Peterskirche zu Rom, und wer hierher zurückkehren will, muß ihn küssen.

5

Punta Arenas, Sandecke, in der Zeitung aus der fernen Hauptstadt lese ich Berichte über die Wahlen, die in diesem Jahr (2005) stattfinden werden, und in der Lokalzeitung von den Wechselfällen der Politik in der zwölften Region, die hier Magellanes heißt und sich bis zum Südpol erstreckt, bis in die chilenische Antarktis. Ich befinde mich im tiefsten Süden, doch alles mutet nördlich an, kein Wunder, daß sich die Schotten hier so heimisch fühlten. In Punta Arenas laufen die Schiffe in Richtung Polargebiet aus, doch in den Grassteppen der Umgebung hatten sich im neunzehnten Jahrhundert Schaffarmer niedergelassen, die ihre Wolle in die ganze Welt verkauften und damit unermeßlich reich wurden. Ihre Stadtpalais stehen heute noch und wirken wie Fremdkörper, große Gebäude von viktorianischem Gepräge, manchmal sogar ein wenig albern, wie zum Beispiel das Haus des entfernten Verwandten von Bruce Chatwin, Charley Milward, der seiner Cousine in England das berühmte Hautstück eines Brontosaurus schickte, das Chatwin als Kind im Haus seiner Großmutter sah. So beginnen Bücher, ein Junge sieht ein Stück Leder, das Tausende von Jahren alt sein muß, und macht sich auf die Suche nach der dahintersteckenden Geschichte. Was er dachte, als er das Haus sah, vor dem ich jetzt stehe, wissen wir auch: »A Victorian parsonage translated to the Strait of Magellan.« Ein niedriger achteckiger Turm mit imitierten Zinnen, *illusions de grandeur*, ein Adel, bestehend aus Schaffarmern.

Ich besuche die Hazienda Río Penitente, die weit außerhalb der Stadt liegt, und wie erwartet: offene Kamine,

Schafe vor fernen Hügeln und Lamas rund ums Haus, die einen über ihre lange Nase hinweg mit grenzenlosem Unverständnis oder überheblicher Geringschätzung anschauen. Winzige rostbraune Schmetterlinge, wilde Rosen, eine aus den Teilen alter Maschinen erbaute Bank, das Dröhnen eines Generators, das die Stille schärft. Die Hazienda wurde 1891 von Alexander Morrison Mackenzie und seiner Frau Ellen gegründet. Die Nachfahren dieser ersten Siedler leben noch immer hier, und es scheint, als hätten sie auch das Heimweh jener früheren Generation geerbt. Blumenvorhänge im englischen Landhausstil. Sessel mit Motiven von Pflanzen, die es in Wirklichkeit nicht gibt. Bücher von John Masefield, J. B. Priestley (*Rain Upon Godshill*), F. W. Dixon (*The Phantom Freighter*) und W. H. Hudson (*Green Mansions*). Danach wurde nie mehr etwas geschrieben. Am schönsten ist ein prähistorisches Radio der Marke Zenith, mit dem sie einst versuchten, Laute aus der Welt einzufangen, die sie verlassen hatten. Es ist ein großer brauner Kasten, in den ein schwarzes Zifferblatt eingelassen ist, in der Mitte eine Art Kompaßnadel und darum herum mehrere Kreise mit Zahlen, so etwas Ähnliches wie die Himmelssphären des Aristoteles, ein glückselig summender Kosmos. Es stehen keine Ortsnamen darauf wie bei normalen alten Radios, statt dessen Länder, rechts oben England, Italy, USA, links 42m, Japan. Das Schottland von einst, getauscht gegen andere Schafe, andere Weiden und einen Kasten voller Laute, die die Geschichte der unvorstellbaren Welt daheim erzählen, von Millionen Toten in Flandern und Frankreich, vom Versailler Vertrag, vom Verfall des Geldes, vom Aufstieg und Untergang Hitlers, von der Schande der Lager, vom Krieg und vom neuen Frieden, der kam und ging und ging und

kam. Der mittelalterliche Philosoph Zeger van Brabant († 1283) behauptete, der Trojanische Krieg habe in dem Augenblick stattgefunden, in dem er diese Worte sprach, womit er meiner Meinung nach sagen wollte, daß Zeit im Lichte der Ewigkeit ein begrenztes Phänomen ist. Vielleicht hätte man ihn hier, so weit von der aktuellen Welt entfernt, verstanden. Vier große Knöpfe an jeder Ecke des Zifferblatts und ein fünfter mittig darunter, gemacht für Hände, die Schafe scheren und schlachten können. Die

Knöpfe beziehen sich auf die Wörter des Zifferblatts: *Volume Increase*, *Police*, *split second*, *sensitive control*, und ich stelle mir vor, wie sie hier, in ihren hohen Räumen, gesessen und den fernen englischen Stimmen gelauscht haben und dem Knacken und Ächzen der Welt hinter den Bergen. Im offenen Kamin brennt ein Feuer, und draußen weht ein Wind direkt vom Südpol.

6

Von Punta Arenas aus ist eine der abenteuerlichsten Expeditionen aufgebrochen, die je unternommen wurden. Und natürlich wieder geleitet von einem Engländer. Exzentrische Engländer haben hier überall ihre Spuren und ihre Namen hinterlassen. Dieser hieß George Chaworth Musters, und in die Region gelockt hatten ihn das berühmte Buch von Darwin sowie der Bericht von Robert FitzRoy über die Reise mit Darwin auf der *Beagle* im Jahr 1831. Musters' eigenes Buch, *At Home with the Patagonians*, ist die unglaubliche Geschichte seiner zehn Monate dauernden Erkundungsreise zusammen mit Tehuelche-Indianern, die sie von Punta Arenas nach Carmen de Patagonia an der Mündung des Río Negro im Norden führte – fast dreitausend Kilometer zu Pferde. Im August des Jahres 1869 brachen sie auf. Die Indianer waren auf dem Weg zu einer großen Versammlung mit anderen Stämmen, die in den Pampas und auf der anderen Seite der Anden lebten. Zwei Kaziken (Häuptlinge) führten die etwa sechzigköpfige Gruppe durch das von Weißen noch nie betretene Binnenland. Am Ende der Tour war die Hälfte infolge von Kämpfen untereinander und anderem Unheil gestorben.

Wenn ich auf die Karte schaue und mir die nach wie vor wenigen Straßen wegdenke, die es heute gibt, gewinne ich einen Eindruck von den epischen Dimensionen dieser Tour. Die Tehuelche kannten, wie die Aborigines in Australien, den Weg durch die endlosen Weiten dieser wilden Natur, sie wußten, wo sie Wasser finden konnten, das für andere unsichtbar war, wo das Territorium der einen Gruppe begann und das der anderen endete. Zu jener Zeit waren die Indianer noch nicht zurückgedrängt, noch nicht unterworfen, regelmäßig wurden, vor allem von der anderen Seite der Anden aus, *malones* unternommen, große Raubzüge, bei denen man es in erster Linie auf Pferde und Vieh abgesehen hatte. Musters war der einzige Weiße auf dieser Tour, von den Indianern als Freund akzeptiert, lebte er während dieser zehn Monate so, wie sie lebten, und konnte hinterher viel über ihr Verhalten, ihren Glauben, über die Beziehungen zwischen den weit auseinander lebenden Stämmen berichten. Er wußte auch, daß die Araukaner im Norden sich gegen die Inbesitznahme ihres Landes durch die Fremden bis zum Letzten wehren würden und daß sie »gelernt hatten, das Wort Spanier und das Wort Christ zu hassen«. Nach England zurückgekehrt, schrieb er sein Buch, starb aber bereits im Alter von achtunddreißig Jahren und brauchte somit, was damals noch Zukunft war, nicht mehr mitzuerleben: das weitere Vordringen von Chilenen und Spaniern in das Gebiet seiner geliebten Indianer, die Konflikte zwischen Chile und Argentinien bei der Festlegung ihrer Grenzen – derentwegen am Ende des zwanzigsten Jahrhunderts sogar der Papst eingreifen mußte – und der heftige Streit beider Länder um Einfluß in Patagonien.

Magellan, Musters, zwei von vielen Namen, die die Geschichte des Landes geprägt haben, Reisende, Jäger, Erforscher dieses letzten Stücks Wildnis aus Pampas, Bergen, Flüssen und Inseln, und bis in unser Jahrhundert noch ein leeres Land, in dem man stundenlang reisen kann, ohne jemanden zu sehen.

7

Früher Morgen. Wir verlassen Punta Arenas. »Eine unvorstellbar traurige Stadt«, schrieb Musters vor rund hundert Jahren, und trotzdem habe ich das Gefühl, irgendwann hierher zurückkehren zu wollen. Auf dem Bildschirm in meiner Kabine verfolge ich, wie das Schiff sehr langsam durch dichten Nebel fährt. Der Ausschnitt scheint sich nicht zu bewegen, ich sehe die ferne Bugspitze, die sich langsam durch die leuchtenden Vorhänge schiebt. Alles unverändert trübselig, als man wieder etwas erkennen kann, ist nichts zu sehen: keine menschliche Behausung, hohe, felsige Berge, später klart es ein wenig auf, mit dem Fernglas kann ich einige Vögel ausmachen, Felsenscharben, die bis zu 80 Meter tief tauchen können, Sturmtaucher, ein rasantes Luftballett.

Ich gehe auf die Brücke, denn wir nähern uns einem Gletscher. 23000 Jahre alt, sagt jemand, doch wegen der plötzlich einsetzenden Regenböen sehe ich nichts. Das Wasser hat die Farbe von Zink. Ein Boot soll ausgebracht werden, dazu zieht ein großer schwarzer Mann die Persenning von einem der Rettungsboote, das dann mit der Winde zu Wasser gelassen wird. Er wird losgeschickt, um »lebendes« Eis zu holen, eine Tradition bei dieser Art Seereisen. Von unten höre ich die Stimmen der Matrosen in

der großen, kalten Stille. Dann fahren sie weg und schneiden eine breite Furche in das reglose Wasser, in dem unzählige Brocken geschliffenen Eises liegen. Der Gletscher selbst wirkt durchscheinend blau, weiter hinten und weiter oben ist er weiß mit hohen, senkrecht stehenden zakkigen Zähnen. Ist ein Gletscher männlich? Und falls ja, warum? In Tirol sagt man zu Gletschern Kees, was bedeuten diese Dinge? Er hängt obszön wie eine große gefrorene Zunge ins Wasser, voller Klüfte und Schrunden, links und rechts davon die Steine und Erde, die er an den Seiten hochdrückt.

Es dauert ein bißchen, bevor mir die Absurdität der Situation aufgeht. Ich befinde mich auf einem Schiff, das zwischen den schroffen Felswänden in diesem eigenartigen Eiswassertal liegt. Die Maschinen stehen auf ›andante‹, doch wir fahren nirgends hin. Das lebende Eis wird auf Gläser verteilt und sieht aus wie Eis, weiß, glänzend, durchsichtig. Als der Whisky darüberschwappt, ergibt sich für einen Moment ein Effekt von flüssigem Gold über durchsichtigem Silber. Trinke ich jetzt Wasser, das vor 23.000 Jahren gefroren ist? Wasser aus einer Zeit vor Platon, Homer, Aristoteles, Christus? Bewahrte Zeit trinke ich. Altes Wasser.

In meinem Tagebuch finde ich eine Notiz, aber ich kann wieder einmal meine eigene Schrift nicht lesen, so daß die erste Hälfte der Zeile entfällt. Möglicherweise steht da: »Chaotisch geschlafen. Ein Satz ist mir noch in Erinnerung. Jeder spricht immer in Übersetzung.« Dünung, Morgen. Das Leben an Bord gleicht dem in einem Internat oder einer Kaserne, der sanfte Zwang der Uhr. Abendessen in einem der Restaurants, später ein Drink in der Bar »Zum Alten Fritz«, die einer vornehmen Hamburger Hafenbar gleicht, stilecht mit einem Standbild des großen Preußenkönigs. Man sieht immer wieder dieselben Gesichter, aber keiner behelligt einen. Das Deck ist dunkel vom Regen, niemand liegt in den Liegestühlen, ein paar Leute beugen sich über die Reling und werden naß.

Wir nähern uns Ushuaia, der südlichsten Stadt Argentiniens und damit auch der südlichsten Stadt der Welt. Ich sehe Kriegsschiffe an einem Kai und ein ankerndes Schiff namens *Antarctic*. Dies ist der Ausgangshafen für Fahrten zum Südpol, und das spürt man. Wir befinden uns im argentinischen Sommer, aber kalte Windböen mit Regen fegen über den Kai. Warum ist das so aufregend, in der südlichsten Stadt der Welt zu sein? In der Ferne verschneite Berge, eine senkrechte Linie bis zum Beagle-Kanal, der Argentinien von Chile trennt, etwas, das aussieht wie auf dem politischen Zeichenbrett entstanden, willkürlich und unnatürlich verläuft diese Linie durch Flüsse und leere Landschaften, womöglich auch durch Fuchsbauten und Eulennester. Ushuaia liegt am Kanal, das heißt zwar am Wasser, aber nicht am Meer, eigentlich ein wenig versteckt zwischen der Sierra Sorondo und dem Parque Nacional Tierra del Fuego. Bucht, die das Land bis in den Westen durchdringt, bedeutet Ushuaia in der Sprache der Yámana. Unmittelbar südlich des Kanals beginnt Chile wieder, die Isla Navarino, dann die Nassau-Bucht, darunter die Islas Wollaston mit Kap Hoorn. Ausnahmegebiet, das hat mich immer gelockt. Das Argentinische Meer, der Südpazifik, der Atlantische Ozean und darin die Falklandinseln, die hier Islas Malvinas heißen, und dann, auf meiner Karte, das scharf umrissene Dreieck des antarktischen Argentinien bis zum Südpol.

Ushuaia ist nicht groß, 40 000 Einwohner. Es existiert erst seit 1870, eine weitab gelegene Provinzhauptstadt, 3500 Kilometer von Buenos Aires entfernt, Marinestützpunkt und früher auch Strafkolonie, wieder so ein Ort, an dem man Menschen verwahrt, die man nicht in seiner Nähe haben will. Auf den Autobus des Museo Marítimo sind sie gemalt, die politischen Gefangenen in ihren gestreiften Anzügen; von ihrem Schicksal berichtet das Museum vom Ende der Welt, das noch geschlossen ist, die Dokumente genauso unsichtbar wie die in die Wand gemauerten Fernsehdokus in der Zeitkapsel gegenüber dem ACA-Hotel, die erst im geheimnisvollen Jahr 2492 einer unvorstellbaren Nachwelt zeigen werden, wie unsere Welt aussah. Ich frage mich, ob ich das miterleben wollte, und meine, nein. In welchem Alptraum muß ich mir die Wesen vorstellen, die in 500 Jahren diese Wand aufbrechen werden, vorausgesetzt, sie steht dann noch? Und wir? Genauso unerkennbar zu etwas Lächerlichem reduziert, in einer wahrscheinlich unverständlichen oder untergegangenen Spra-

37

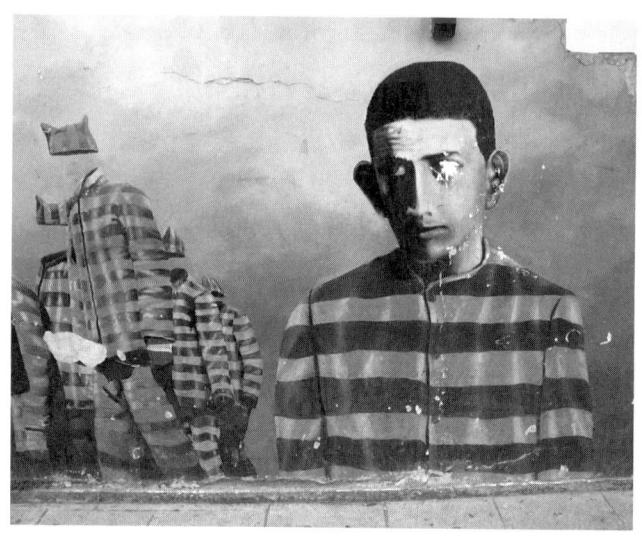

Auf dem Autobus des Museo Marítimo, politische Gefangene

che kakelnd, Menschen, die bereits primitive Maschinen benutzten, selbst aber noch keine Maschinen waren und nicht glauben wollten, daß sie jemals auf dem Mars leben würden und beim Anblick von so viel unbarmherziger Zukunft auf der Stelle vor Entfremdung verrückt würden.

Schmale, steile Straßen führen von der Hauptstraße San Martín zum Wasser, kleine, grellbunt gestrichene Häuser aus Holz oder Wellblech, dies ist ein Ort, an dem man ein Jahr bleiben müßte, um ein Buch zu schreiben, und weil das nicht möglich ist, kaufe ich ein paar Bücher über die lokale Geschichte, Berichte von Revolutionen und Schiffskatastrophen. Bar Idéal, Café de la Esquina, Café El Galeón, Hostal Yakiem, Calle San Martín, Calle 25 de Mayo, immerzu diese Daten, die etwas bedeuten, was sich dem Fremden aber nicht sofort erschließt. Es ist eine Grenz-

38

stadt, schlammbedeckte Landrover erzählen von unwegsamen Pisten, von der Wildnis gleich um die Ecke, vom Leben am Ende des Festlands, von Fischerei, Schafzucht, Polarexpeditionen, von Verbannung und Einsamkeit. Die nichtspanischen Namen auf dem tristen Friedhof klingen nach China, nach Osteuropa, nach Exil und abenteuerlichen Lebensläufen, weiß der Himmel, was für Romane dort liegen, nicht jeder bekommt ein Malcolm Lowry oder ein Ben Traven auf seinen Grabstein. An der Außenwand des Postamts sehe ich einen anderen früheren Bewohner, das große gemalte Bild eines Yámana-Indianers in Todesnot, den Mund weit aufgerissen zu einem Schrei der Wut oder Angst, jemand, der weiß, es ist aus und vorbei mit seiner Welt.

Der Regen hat sich verzogen, die Wolken sind übermächtig, Luftschiffe sind es, mit Polargesichtern, alles ist hier oben so weit, daß die Stadt zu schrumpfen scheint. In der Ferne sehe ich im Hafen unser Schiff als weißes Zeichen, daß ich hier nur vorübergehend bin, doch für diese Erkenntnis brauche ich kein Schiff.

Plaza Islas Malvinas, habe ich auf einem Stadtplan gesehen. Platz der Falklandinseln, der englische Name darf hier nicht ausgesprochen werden, dies ist die offene Wunde in der argentinischen Seele. Vielleicht liegt er deshalb am Wasser, das plötzlich eisblau ist, weil die Wolkengeschwader inzwischen große Himmelsflächen frei lassen. Ein Steinweg, rechts hohe, dünne Laternen mit weißen Kugeln, abends muß es hübsch aussehen. Links die argentinische Fahne, ein großer Halbbogen mit dem an zwei Ketten befestigten Namensschild, ein Stück weiter die

Ushuaia, Argentinien

Landkarte der verlorenen Inseln. Aber es ist nichts auf ihr zu sehen, die Form der Inseln ist aus einem großen Metallrechteck ausgeschnitten, wie das herausgeschnittene Herz bei Zadkines Mahnmal *Die zerstörte Stadt* in Rotterdam. Was man durch diese Aussparung hindurch sieht, ist der Himmel, klar und strahlend über den Ausläufern der Hügel und dem Meer, etwas, das da ist und nicht da ist, etwas, das fehlt.

Das Museum ist inzwischen geöffnet, eine bewahrte Welt aus bewahrten Fotos. Da sind sie wieder, die gestreiften Gefangenen aus dem Presidio, die nackten Indianer. In dem Buch *Ushuaia* von Lic. Carlos Pedro Vairo, das ich dort kaufe, sind Zeichnungen aus Darwins Buch abgebildet, die dieser selbst angefertigt hat. Vairos Kommentar ist ungeschminkt: »Ohne es zu wollen, verurteilte er sie für alle Zeiten.« Darwin hatte an einer Expedition unter dem Kommando von Robert FitzRoy teilgenommen, der auf einer früheren Reise vier Yámana in das für sie unvorstellbare England mitgenommen hatte, und weil niemand wußte, wie sie hießen, hatte die Besatzung sich Namen für sie ausgedacht: Fuegia Basket, Jemmy Button, Boat Memory und York Minster. Drei von ihnen überlebten die Zivilisation und kehrten auf demselben Schiff nach Feuerland zurück wie Darwin, der somit reichlich Zeit hatte, sie zu studieren. In dem Expeditionsbericht (*Proceedings of the Second Expedition 1831-1836 under the Command of Captain Robert Fitz-Roy, R.N.*) findet sich eine Beschreibung der Yámana, die darin Tekeenica genannt werden, und in Verbindung mit den Zeichnungen vermittelt sie kein attraktives Bild. »The Tekeenica are low in stature, ill-looking, and badly proportioned. Their colour is that of very old mahogany, or rather between dark cooper [sic] and bronze. The trunk of the body is large, in proportion to their cramped and rather crooked limbs. Their rough, coarse, and extremely dirty black hair half hides yet heightens a villainous expression of the worst description of savage features.« Es folgt eine detailreiche, minuziöse Beschreibung von Haar, Knien, Händen und Gang, die dann ebenso schmeichelhaft endet mit: »Sometimes these satires upon mankind wear a part of the skin of a guanaco or a sealskin upon their backs, and perhaps the skin of a penguin or a bit of hide hangs in front, but often there is nothing ...« Die Beschreibung der Frauen ist gleichfalls von kaum verhohlenem Abscheu gefärbt: »Their features, especially those of the old, are scarcely less disagreeable than the repulsive ones of the men. About four feet and some inches is the stature of these she-Fuegians – by courtesy called

41

women. They never walk upright: a stooping posture, an awkward movement is their natural gait. They may be fit mates for such uncouth men; but to civilized people their appearance is disgusting.«

Ein halbes Jahrhundert später konnten sie fotografiert werden, und was man durch den Schleier der veralteten Technik sieht, ist das Verhängnis des sogenannten Fortschritts, wobei der eine erscheint und der andere verschwindet. Auf einem dieser Fotos erkenne ich das Gebiet, durch das ich gefahren bin, in Abstufungen eines Graus, das alles noch trübseliger macht, eine niedrige Berglandschaft, eine Wasserfläche, die aussieht wie aus Stoff, und darauf ein kleines Boot mit zwei menschlichen Gestalten ohne Gesicht. Ihre dunklen Figuren beweisen, daß es Menschen sind, die dort einst, an jenem Tag des Jahres 1898, gefahren sind, doch ihre Gesichter haben sie mitgenommen in die Zeit. *Ein* Segel hatten sie auf diesem Kanu aus Baumrinde, es ist schief, fast ein Dreieck. Ein sanfter Wind treibt das Boot voran, gern würde ich sein Geräusch im Segel hören, ihre Stimmen in der mittlerweile fast verschwundenen Sprache, die einst von den ersten Missionaren aufgezeichnet und damit bewahrt wurde. Und wieder verirrt man sich in unmögliche Romane, denn einem der Yámana, die von der ersten FitzRoy-Expedition nach England mitgenommen worden waren, Jemmy Button (so genannt, weil er mit zwei glänzenden Knöpfen an Bord gelockt worden war), begegnet man später als Dolmetscher wieder und dann als Mörder. Unmögliche Romane, denn wie sollte man sie sonst nennen? Ein ehemaliger Seemann, Allen Gardiner, der in diesen Gegenden umhergereist war, gründet die Patagonian Missionary Society und möchte eine Missionsstation in Banner Cove, dem heutigen Puerto Pabellon, errichten, was wegen der mittlerweile feindseligen Haltung der Yámana jedoch nicht gelingt. Die Missionare sollen nach drei Monaten (! – Zeit spielt stets eine entscheidende Rolle in dieser Art von Geschichten) Proviant aus Montevideo erhalten, doch der trifft nicht ein. Von den Yámana belagert, ziehen Gardiner und die anderen Missionare sich nach Bahía Aguirre zurück, wo sie sterben. Ende des Romans, Beginn des nächsten. Das Schiff mit dem Proviant landet am 20. Oktober 1851 an der vereinbarten Stelle und findet nur eine Nachricht vor, in der der Name des Ortes erwähnt ist, an den Gardiner sich vor dem Hunger geflüchtet hat. Dort stoßen die Seeleute auf drei tote Missionare. Gardiner selbst wird erst 1852 aufgefunden. Sie begraben ihn und geben dem Schoner der nächsten Expedition (Aufgeben kam nicht in Frage) seinen Namen. Der jetzt in ein Schiff verwandelte Gardiner (Ovid hat hier mitgeschrieben) fährt 1855 nach Wulaia, das in anderen Berichten Woolya, Wlaia oder Ulaia heißt und hier als Bucht bezeichnet wird, auf einer alten Karte jedoch eine Insel ist, die der Isla Navarino ähnelt, an der ich morgen vorbeifahren werde. Dort treffen sie auf Jemmy Button und nehmen ihn als Dolmetscher zu der den Falklands (Malvinas) gegenüber gelegenen Insel Keppel mit, um dort eine christliche Gemeinschaft zu gründen. Offenbar fuhr man zwischen Keppel und Ulaia hin und her, denn auf Ulaia findet während eines Gottesdienstes ein Massaker unter Leitung von Jemmy Button statt, bei dem die gesamte Besatzung der *Allen Gardiner* umgebracht wird. Auf der großen Seekarte an Bord tauchen alle Namen wieder auf. Gardiner, einst ein Seemann, dann ein Missionar, dann ein Schiff, ist jetzt für alle Zeiten eine Bucht zwischen drei anderen Buchten: der Bahía Tekeni-

43

ka, der Bahía Concepción und der Bahía Navidad. Etwas Christliches ist immerhin hängengeblieben.

Ich werfe einen letzten Blick auf die Fotos in dem Museum. Nackte Menschen, die grau im Grau der Bäume ringsum verschwinden. Eine Frau kauert auf einem Felsen, sie hat die nackten Füße gekrümmt, um auf dem kahlen Stein das Gleichgewicht zu halten. Die Gesichter der Männer, Frauen und sogar der Kinder sind dem Mann mit dem merkwürdigen Gegenstand zugewandt, der auf sie gerichtet ist, ein Zauberding, das ihr Bild für ein späteres Jahrhundert schlucken wird, und ihr Blick zeugt von äußerstem Mißtrauen. Unter dem Foto von dem Boot mit den beiden Menschen und dem schiefen Segel stand: »Die Europäer verändern alle ihre Gewohnheiten: Nahrung, Kleidung, nur nicht ihre Wasserfahrzeuge.« Aber doch ihr Schicksal. Der Untergang dieser Menschen hatte begonnen (1898). Wohin die Yámana auf diesen Fotos im Buch und im Museum blickten, war eine Zukunft, die es nicht geben sollte.

Merkwürdiger noch, als nachts auf einem fahrenden Schiff wach zu werden, ist es, wach zu werden, wenn es nicht fährt. Wir liegen noch immer an unserem fernen Kai in Ushuaia. Jedesmal, wenn ich aufwachte, hatte ich das Gefühl, auf hoher See zu sein, und so ist es auch jetzt. Ich schaue durch das Bullauge und sehe, daß das nicht stimmt, Täuschung des Windes. Draußen die Lichter der Stadt, ein Auto, und als ich mit meinem Fernglas den Kai absuche, ein paar nächtliche Passanten. Der Mond wird auf zwei Seiten von schwarzen Wolkenfetzen angefressen, das Wasser sieht aus wie geschliffen, in der Ferne die vage Form des Schleppers *Saint Christopher*, der in den fünf-

Auf Reede in Ushuaia

ziger Jahren hier im Hafen gestrandet ist. Im Mondlicht sehe ich jetzt auch die schneebedeckten Berggipfel in der Ferne. Still ist alles, und ich überdenke meinen Tag. Mit einem Bus sind wir in einen Naturpark nördlich der Stadt gebracht worden, dort habe ich mich von der Gruppe getrennt und bin spazierengegangen. Widersprüche – ein Naturpark, in dem die Fahrer den Motor ihres Busses wegen der Klimaanlage laufen lassen. Es paßt nicht zu der Stille. Einen Fischadler habe ich gesehen, dann wieder ein merkwürdig sumpfiges Gebiet, grellgrüne Grasbüschel im Wasser, aus dem abgestorbene Bäume ragten, die Ruine eines Waldes. Ich weiß nicht, wieviel Zeit ich habe, bevor die Busse zurückfahren, und marschiere auf gut Glück los. Ein schmaler Weg, der mäandernd mehr oder weniger einem kleinen Fluß folgt, der Gedanke, so vielleicht tagelang weitergehen zu können, und dann plötzlich ein Zei-

45

chen aus der Wirklichkeit, ein Schild, das sagt, hier ist die Grenze zu Chile.

Nirgends Wächter, es gibt keinen Schlagbaum, warum bleibe ich dann stehen? Vielleicht weil sich an einem solchen Ort die Vorstellung davon, was eine Grenze eigentlich ist, stärker als irgendwo sonst aufdrängt. Auf dieser Reise war ich schon in Chile, das kann es nicht sein. Nein, es ist eher die Tatsache, daß man da in einem Wald steht, die Vögel hört, die Wolken ohne Paß vorbeisegeln sieht, einem Wald, in dem die Bäume einander gleichen und in der Luft keinerlei Widerstand zu spüren ist, der einen am Weitergehen hindern würde, und dabei weiß, daß einen Meter weiter nicht Kirchner regiert, sondern Bachelet, daß dort andere Gesetze gelten, aber auch, daß die Vergangenheit dort genauso grauenhaft war wie hier. Menschen aus Flugzeugen geworfen auf dieser Seite, Operation Condor auf der anderen, über die ganze Welt Exilanten verstreut, die nicht mehr konnten, was ich jetzt kann, wo niemand mich sieht: hin und her gehen und von der einen Staatsform in die andere wechseln, als bedeute das nichts. Aber genau das ist es, nichts, und ich gehe zu meinem Bus zurück und dann auf einen Katamaran, der zur Isla de los Lobos segelt, wo wir Seelöwen, Pinguine und Kormorane beobachten, denen ihre eigene Welt genügt. Wie große braune Wollballen liegen die Seelöwen in der Sonne, und natürlich schauen sie nicht zu uns. Der Felsen, auf dem sie sich niedergelassen haben, sieht aus, als hätte jemand ihn mit einem Messer bearbeitet und geometrische Figuren mit einer Botschaft hinterlassen, die wir nicht entziffern können. Die Pinguine stehen nicht weit von den schlafenden Löwen entfernt, wie Diener in Livree, die den Schlummer ihrer Herren nicht stören dürfen. Der Felsen

PROVINCIA DE TIERRA DEL FUEGO ANTARTIDA E ISLAS DEL ATLANTICO SUR DIREC.NAC.DE VIALIDAD 24° DISTRITO

USTED ESTA AQUI FINAL RUTA N=3

wirft das Sonnenlicht weiß zurück, darunter grünes Moos, im Hintergrund die Berge mit ihren Drachenzähnen, weiß vom Schnee, und für einen Augenblick weiß man nicht mehr, warum das hier Feuerland heißt.

Weitergefahren durch den Beagle-Kanal, das eine Ufer Argentinien und die Ausläufer der Cordillera de los Andes, das andere Chile und die auf der Karte völlig menschenleere, riesengroße Isla Navarino. Geankert in Puerto Williams. Im Schlaf merke ich, daß das Schiff ständig dreht.

Als ich davon aufwache und an Deck gehe, stehe ich unter der Uhr des Alls. Wenn man zu Dantes Zeit an den Sternen erkennen konnte, wie spät es war, warum kann ich das dann nicht? Für Dante war das Fegefeuer ein Berg mitten in dem Meer, das die gesamte südliche Hemisphäre bedeckte, genau gegenüber der nördlichen Hemisphäre mit Jerusalem als dem Mittelpunkt der bewohnten Erde. Und weil im Fegefeuer nur Schemen hausten, war er der erste lebende Mensch, der seit Adam und Eva die Sterne dort sehen konnte. Vier sieht er, das Kreuz des Südens, und wie gut er und seine Zeitgenossen den kosmischen Himmel im Kopf hatten, beweist er, als er sagt, die aufgehende Sonne verberge die Fische und wenn er zum anderen Pol schaue, sei der Wagen bereits verschwunden – der Himmel als Uhrwerk. Verwaist nennt er den Norden, wo seine Zeitgenossen leben, die dies, im Gegensatz zu ihm, nie erblicken werden. Und als er erklärt (im *Purgatorio*, XXII. Gesang, 118): »Und vier der Mägde schon des Tages waren / Zurückgeblieben und die fünft' am Steuer, / Streckend zur Höhe noch die glühende Deichsel«, da klärt mich der Kommentar zu meiner Übersetzung von 1940 auf, daß es *folglich* die fünfte Stunde des Tages ist. Ich muß nicht nur nachschlagen, wer diese Mägde sind, sondern auch noch, was eine Deichsel ist. Doch auch bei mir ist es früher Morgen, und die Welt gleicht dem Fegefeuer, denn es rücken Wolken an, schwere bleierne Luftmaschinen, die die Nacht verlängern wollen und zu unserem Ziel passen: Heute werden wir Kap Hoorn umrunden. Zwei Niederländer haben diesem Kap den Namen ihrer Stadt an der Zuiderzee gegeben, Schouten und Le Maire. Als es soweit ist, darf ich auf die Brücke, ein Jungentraum. Dieses Meer ist berüchtigt, in Ushuaia habe ich ein Buch über Schiff-

48

brüche gekauft, endlose Listen von Galeonen, Karavellen, Dampfschiffen und Jachten, die in diesem Gebiet zwischen dem Atlantischen und dem Pazifischen Ozean untergegangen sind. Das Wasser sieht düster genug aus, metallfarben, als wäre Schwarz hineingemischt, ich höre, wie es wild und weißschäumend gegen den Kiel schlägt. Unter einer grauen Felswand sehen wir eine große Jacht mit hohen braunen Segeln, unser Kapitän betrachtet sie voller Bewunderung. Er steht zwischen zwei Assistenten, eine Dreiermannschaft, die über die Wasserfläche späht, auf der nichts zu sehen ist. Sie stehen vor einer Batterie Computerschirme, doch sie schauen über sie hinweg auf die wilde See hinter den großen Fensterscheiben. Metamorphose: gestern abend Captain's Dinner, schwarze Krawatte zur Galauniform mit dem Stern und den vier goldenen Streifen, 2003er Eitelsbacher Karthäuserhofberg, in Ingwer und Honig hausgebeizter Lachs auf Salat von Bambussprossen, Porzellan und Kristall, jetzt ein grober Pullover und ein Becher Kaffee, Herr über die wilde graue Fläche, Gesichtsausdruck: bereit für Abenteuer. Der Kapitän ist Leser, das gestrige Gespräch kreiste um Gombrowicz' Buch *Trans-Atlantik* und *Billy Budd* von Melville, beide sehr passend. Rüdiger hat einen Satz von Gombrowicz aus diesem Buch in sein Repertoire übernommen, ein mit Crescendo dreimal wiederholtes »Ich gehe! Ich gehe!! ICH GEHE!!!« Er bedauert, daß er *Billy Budd* erst jetzt liest, diese Geschichte hätte er gern für sein Buch über das Böse verwendet, und er will wissen, was der Kapitän getan hätte: In dem Buch wird der »hübsche« junge Matrose von einem anderen zum Bösen verleitet, und der Kapitän, der ihn sehr mag, muß ihn verurteilen. Kommt so etwas noch immer vor, will er wissen, doch die Antwort ist enttäuschend für den Romantiker, und so versucht der Kapitän ihn mit der Geschichte von Slocum zu trösten, der als erster ganz allein in seinem kleinen, selbstgebauten Schiff das Kap umrundete. Ich höre leise Kommandos, slowly, slowly, dann: »Wollen wir jetzt eindrehen, da vorne ist nichts mehr.«

Auf den Tischen Seekarten, jemand arbeitet mit Zirkel und durchsichtigem Plastikdreieck, Kap Hoorn ist nicht *eine* Insel, sondern eine ganze Gruppe, das Meer darum herum ist übersät mit kleinen Zahlen, hinter mir sehe ich in kleinen Kästchen die Flaggen aller Länder der Erde, die sie anlaufen, dieses Schiff fährt unentwegt um den Globus. 970 Millibar, höre ich, Windstärke 8. Fünf Männer und eine Frau sind schwer beschäftigt, ich komme mir überflüssig vor und gehe an Deck, wo der Wind mich beinahe umbläst. Fast vierhundert Jahre ist es her, daß Schouten und Le Maire hier fuhren. Ich versuche es mir vorzustellen. Das Kap, das sie von ihrem kleinen Schiff aus gesehen haben müssen, ragt wie damals düster aus dem Meer auf, kein Zeichen einer menschlichen Anwesenheit, damals nicht und heute nicht. Irgendwo muß es einen Leuchtturm geben, eine Wetterstation, in der eine Familie wohnt, doch das ist von hier aus nicht zu sehen. Nebel oder tiefhängende Wolken hüllen die dunkle, drohende Form ein, hinter diesem einen Berg liegen andere, niedrigere, auf der Brücke habe ich gesehen, daß wir zwischen den Inseln Herschel und Deceit durchfahren, wir befinden uns auf der Grenze zwischen Pazifischem und Atlantischem Ozean, hier in der Nähe muß zwischen Feuerland und Staateninsel die Passage liegen, die noch heute den Namen Le Maire trägt. Die Strömung verläuft dort in nord-südlicher Richtung und kann an Geschwindig-

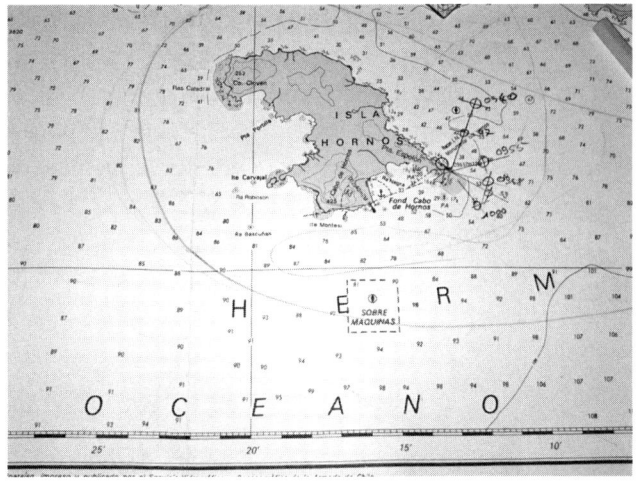

keit zwischen zwei und sechs Knoten schwanken, je nachdem, ob man sich in der Mitte der Le-Maire-Straße befindet oder in der Nähe eines der Kaps. Die Ebbe strömt in die andere Richtung und setzt eine Stunde nach der Flut ein. Bei Staateninsel – von Schouten so benannt nach den Staten-Generaal, dem niederländischen Parlament – fließen die Gezeitenströme mit gewaltiger Kraft entlang der Nord- und der Südküste, durch die Intensität prallen die Wogen aufeinander und bewegen sich dann in alle Richtungen. Oft ist der Himmel dicht bewölkt, falls er morgens einmal klar ist, kann er sich in kurzer Zeit wieder völlig zuziehen, und dann ist die Sicht gleich null, die Windstöße von den Bergen im Zusammenwirken mit dem »normalen«, fast ständig blasenden Westwind haben dieser Region den Beinamen »Seemannsgrab« gegeben. Später versuche ich zu lesen, was ich auf der Brücke oder an Deck notiert habe, doch es ist nutzloses Gekritzel geworden, *mit* dem Wind sind wir gefahren, entziffere ich noch, und daß es wogte und schwankte und man später das Gefühl hatte, Stunden durch Schneetreiben gegangen zu sein.

Isaäc Le Maire, der wußte, daß dieses Gebiet unter der Hoheit der Vereinigten Ostindischen Kompanie (VOC) stand, hatte am 14. Juni 1615 das Projekt einer »Reyse rund um den gantzen Erdtball« in Angriff genommen und zu diesem Zweck die Australische Kompanie gegründet. Das Problem war nur, daß Australien, das Südland, noch nicht entdeckt war. Le Maire griff also mit diesem Namen der Entdeckung einer noch zu erkundenden alternativen Route nach Westen, nach Indien und womöglich auch zum noch nicht gefundenen Australien vor, die nicht durch die Magellanstraße führen sollte, weil dieses Gebiet nun mal von der konkurrierenden VOC beansprucht wurde, die mit der Beschlagnahmung des Schiffes drohte, sollte es doch jemand wagen. Le Maires Schiffe waren die *Hoorn* und die *Eendracht, jagten* oder Pinaßschiffe, wie sie zur damaligen Zeit genannt wurden. Die *Eendracht* war 30 Meter lang, 8,64 Meter breit, hatte drei Masten, und in diesem kleinen Universum lebten 65 Mann. Das Schiff stand unter dem Kommando von Willem Corneliszoon Schouten. Le Maires Sohn Jacob führte den Befehl über die Expedition und war der Kommandant der *Hoorn*. Nach sechs Monaten trafen sie in Patagonien ein, im heutigen Puerto Deseado. Dort geriet bei Reparaturen die *Hoorn* in Brand, doch noch im selben Monat setzten sie die Fahrt auf der *Eendracht* fort. Es war natürlich ein Umstand, der zu der damaligen Zeit gehörte, doch wenn ich so etwas lese, muß ich mir immer kurz klarmachen, daß es keine Möglichkeit gab, dieses Ereignis heim nach Hoorn oder wem auch immer zu melden. Wie die beiden Besatzungen (die *Hoorn* hatte 22 Mann an Bord) auf dem einen Schiff Platz fanden, ist ein Rätsel, aber elf Tage später hatte das Schiff die fast 1500 Kilometer zur erhofften Passage zurückgelegt, die heute also Le-Maire-Straße heißt. Ungefähr dort befinden wir uns jetzt, und wieder muß ich daran denken, daß ich jetzt sehe, was sie damals sahen. Sie segelten weiter zu einer Inselgruppe, der sie den Namen Hoorn-Inseln gaben, wir fahren nach Norden, nach Puerto Madryn, wo wir uns eine große Pinguinkolonie ansehen wollen. Die Reise Le Maires, die kein gutes Ende nahm, wurde später in seinem Buch beschrieben, das 1622 postum erschien. Die *Eendracht* überquerte die riesige Fläche des Pazifischen Ozeans und fuhr nördlich am gesuchten Australien vorbei nach Jacatra, dem heutigen Jakarta, doch weil Jan Pieterszoon Coen, der dortige Befehlshaber der VOC, nicht glauben wollte, daß Le Maire eine neue Passage gefunden hatte und infolgedessen durch die verbotene Magellanstraße gefahren sein mußte, wurde die Besatzung gefangengesetzt und das Schiff beschlagnahmt. Die Rehabilitierung sollte erst viel später erfolgen, doch da war Jacob Le Maire bereits tot.

Wenn wir geglaubt hatten, bei Kap Hoorn habe schwerer Seegang geherrscht, so werden wir einige Tage später eines Besseren belehrt. Schaukeln, Schlingern, Sturm, aber diesmal ein richtiger. Es scheint, als müsse das große Schiff jedesmal die Wogen hinaufsteigen, bevor es auf der anderen Seite wieder hinunterrutscht. Fünf Meter hohe Wellen, Windstärke 10. Am beeindruckendsten finde ich das Tosen der Böen und die Wassermassen, die übers Deck schlagen, wo man sich mit beiden Händen an der Reling festhalten muß. Viele Passagiere sind in die Kabinen verschwunden, ich leide nicht unter Seekrankheit und bin einer der wenigen, die noch in der Lounge sitzen, als der gesamte Gläserbestand der Bar mit einem wahnsinnigen Kreischen auf den Boden kracht. Die Pianistin aus Aserbaidschan, die an diesem Abend ein Chopin-Konzert geben soll, ist nicht zu erschüttern. Elnara Ismailova heißt sie, der Saal ist längst nicht voll wegen der Seekranken, und ob der Flügel auch seekrank ist, wird nicht klar, jedenfalls will er weg, am liebsten mitsamt dem Klavierhokker. Während ihrer kleinen Einleitung hält sie sich energisch, um nicht zu sagen krampfhaft am Flügel fest, doch es hilft alles nichts, zusammen mit dem Podium, dem Flügel und uns wird sie jedesmal hochgehoben, wie ein großes Stück Treibholz taumeln wir durch die inzwischen stockfinstere Sturmnacht, und trotzdem gibt sie sich nicht geschlagen, Ballade in F-Dur op. 38, Walzer in cis-Moll op. 64, Scherzo in h-Moll op. 20, alles klingt wunderbar, begleitet vom mächtigen Orchester des Sturms. So werde ich Chopin nie wieder hören. Am nächsten Tag erfahren wir, daß das Schiff wegen des schweren Seegangs nicht in Puerto Madryn anlegen kann, wir sehen es in der Ferne, ein verführerisch langer Pier, ein paar hohe Gebäude, aber es

Montevideo, Uruguay. Banco de la República

geht nicht, schade um die Pinguine. Als Trostpreis schenkt man uns Montevideo, was nicht im ursprünglichen Reiseplan stand. Ein kleines Kümo, dessen Namen ich nicht erkennen kann, liegt vor Madryn stampfend auf Reede, *es* darf, wir nicht, doch dann sehe ich an der Brücke, wie der Lotse sich verabschiedet und einem Tänzer gleich von seiner schwingenden Leiter an Bord seiner sich aufbäumenden *Deseada* springt, die, eine wilde Schaumspur hinter sich herziehend, in den Hafen zurückjagt. Ich nehme mir vor, von Buenos Aires aus hierher zurückzufliegen, denn wenn ich irgend etwas nicht darf, muß ich es unbedingt tun, eine lästige Eigenschaft.

Eine letzte Nacht auf See. Ich lese in *Los héroes malditos*, die verdammten Helden, »die Geschichte Argentiniens, die uns nicht erzählt wurde«, ein Buch von Pacho

O'Donnell – mitreißende wahre Geschichten, die einem zweierlei klarer machen: erstens, daß das, was wir als magischen Realismus bezeichnen, hier zum normalen Alltagsleben gehört, und zweitens, warum sich bis in unsere Tage eine Spur der Gewalt durch die argentinische Geschichte zieht. Die Unterwerfung der Indianer, der Freiheitskrieg gegen das spanische Imperium, aber auch die Kriege gegen die Engländer und gegen Nachbarländer, Geschichten von Helden und Schurken, nicht umsonst sind in allen diesen Städten Reiterstandbilder von Männern mit gezücktem Schwert anzutreffen. Borges, der von altnordischen Sagen über Krieg und von der dazugehörigen Shakespeareschen Gewalt fasziniert war und am Ende seines Lebens den Ernst Jünger des Buches *In Stahlgewittern* aufsuchen wollte, den Schriftsteller, der wahrscheinlich stärker als jeder andere Mensch für Borges den Typus des Soldaten verkörperte, schildert die Kriege in seinem Land in Erzählungen und Gedichten mit der heimlichen Bewunderung und der Sehnsucht des Schriftstellers, der selbst nie einen Kampf miterlebt hat. Auch O'Donnell kennt sich damit aus. Literatur hat er nicht daraus gemacht, aber es sind mit viel Pathos erzählte Geschichten von Komplotten und Junten, bevölkert von Gestalten, wie geschaffen für Filme und Fernsehserien. Da ist zum Beispiel der junge Mariano Moreno, der durch die Lektüre von Rousseau und Montesquieu aufklärerische Ideen kennengelernt hatte, die zu einer der vielen lateinamerikanischen Revolutionen führen sollten, der jedoch, bevor es soweit war, mit nur vierunddreißig Jahren auf einem englischen Schiff vergiftet wurde. Oder die noch viel pittoreskere Catalina de Erauso, auch Leutnant-Nonne genannt, eine Frau, die mit fünfzehn Jahren aus einem Kloster in Spanien floh, als Mann verkleidet anheuerte und in der neuen Kolonie an Kämpfen teilnahm, in Duellen zahllose Männer tötete, darunter ihren eigenen Bruder, den sie im Dunkeln nicht erkannt hatte. Das Spanische schlägt hier manchmal merkwürdige Kapriolen, als ich das Wort *revuelo* nachschlage, das in dieser Geschichte vorkommt, kann das in Spanien Vogelschwarm bedeuten oder auch Durcheinander, in diesem Teil der Welt aber auch den Sprung des angreifenden Hahns in einem Hahnenkampf. Und genauso muß es ausgesehen haben, als diese männliche Kampfnonne in La Paz wieder einmal festgenommen wurde und auf den Rat eines Mönches hin, mit dem sie/er in derselben Zelle saß, ihrer Hinrichtung durch die Bitte zu entgehen versuchte, vor ihrem Tod noch ein letztes Mal beichten und zur Kommunion gehen zu dürfen, was man einem Katholiken natürlich nicht verweigern darf. Sie bekam die Hostie, nahm sie aber augenblicklich aus dem Mund und drohte, sie auf den schmutzigen Boden zu werfen, ein Sakrileg. Später sollte sie diese Begebenheit in einem Brief an den Papst schildern: Man hatte ihr die Hände geschrubbt, sie den Mund ausspülen lassen und dann allein in einer Kirche zurückgelassen. Sie wurde verbannt mit dem Befehl, nie wieder zurückzukehren, wurde in Cuzco erneut auffällig, suchte Zuflucht beim dortigen Bischof und gestand ihm, sie sei *eigentlich* eine Frau, worauf er sie von zwei Frauen untersuchen ließ, die ihre Aussage bestätigten und außerdem feststellten, daß sie noch immer Virgo intacta war, so daß sie wieder den Habit anlegen durfte, Ende gut, alles gut.

Philipp IV., der im fernen Spanien von alldem gehört hatte, ließ sie nach ihrer Rückkehr zu sich kommen, »lauschte aufmerksam ihrer Geschichte« und schenkte ihr dreißig Dukaten sowie die vierfache Ration eines Fähnrichs, doch sie konnte ihre Natur nicht verleugnen, und so stammten die letzten Berichte über sie aus Mexiko, wo sie als Mauleseltreiber arbeitete und Menschen von Veracruz nach Mexiko-Stadt brachte, noch immer in Männerkleidung, mit Schwert und Degen; nach den unwiderstehlichen Worten eines gewissen Paters namens Diego de Sevilla »era de buen cuerpo, no pocas carnes, color trigueño, con algunos pocos pelillos por bigote«, will sagen, sie war gut gebaut, gut gepolstert, dunkelblond und hatte als Schnurrbart ein paar Härchen.

Wir müssen im Dunkeln den Río de la Plata hinaufgefahren sein, ich wache auf von der Stille. Als erstes sehe ich einen Mann am leeren Kai. Der Besen, den er in der Hand hält, hat etwas von einer Lanze, ein einsamer Wächter. Die Sonne ist gerade hinter ihm aufgegangen, die riesigen Container hinter und neben dem Mann werfen lange Schatten. Er hat gut gefegt, das macht ihn, als er jetzt so still dasteht, zu einem Standbild in einer Stadt, die davon nur so wimmelt. Eine gewalttätige Vergangenheit erzeugt heroische Statuen, und ohne Revolution passierte hier nie etwas. Es wird ein merkwürdiger Tag, denn Montevideo ist eine merkwürdige Stadt. Juan Carlos Onetti, einer der Schriftsteller, die ich am meisten bewundere, stammte von hier, wenngleich er viele Jahre auf der anderen Seite des großen Flusses, in Buenos Aires, lebte und später, aus politischen Gründen, in Madrid. Kein einfacher Autor, auch kein angenehmer Mensch, schroff, querköpfig, mit fast niemandem zu vergleichen, weshalb andere Schriftsteller gut über ihn schreiben können, wie Mario Vargas Llosa es unlängst getan hat. Um *ein* Thema kommt niemand herum: Santa María. Das ist die Stadt, in der einige seiner Erzählungen und Romane spielen, eine Stadt, die er sich ausgedacht und so beschrieben hat, daß man einen Plan von ihr zeichnen könnte, inklusive Hafen und Bordell, der Praxis des rätselhaften Doktors Diaz Grey und der zum Untergang verdammten Werft, in der die Angestellten prächtige Titel haben, aber nicht mehr bezahlt werden – die Geschichte gleicht noch am ehesten dem gescheiterten Traum eines Verrückten, mit derselben Spannung wie *Nie mehr schlafen* von Hermans. Diese Stadt gibt es nicht, ihre klaustrophobische Wirklichkeit existiert nur in Onettis Büchern, sie scheint hin und her zu pendeln zwischen Schein und Sein, man will nicht glauben, daß Santa María nicht irgendwo dort am Fluß liegt, den wir gerade aufwärts gefahren sind, ein Spinnennetz aus Kriminalität und Vermutungen, in dem der verbrecherische Augusto Goerdel, der von Pater Bergner geschützt wird, irgendwo diese nichtexistierenden Straßen entlanggeht, den Tod als Begleiter. Nein, Montevideo ist es nicht, das ist zu groß, es muß eine der Küstenstädte der Umgebung sein, die möglicherweise Modell gestanden hat, doch der Geist der Großstadt – Bars mit viel Alkohol und Frauen, eigenartige Werbeagenturen und Redaktionsräume (Onetti hatte mit beiden zu tun, in Montevideo wie in Buenos Aires) – ist das natürliche Element in seinen Geschichten und Büchern, und das in einem Maße, daß ich jetzt hier herumspaziere und fast physisch sein bitteres Universum um mich spüre. Schwer ist das nicht, die Stadt liefert: Abrißviertel, altmodische Cafés mit Zeitungen voller Politik und Kriminalität, Namen aus dem Gesellschaftsspiel eines Landes, das man nicht kennt, ein Fliesenbild mit den Helden des Freiheitskampfes von 1825,

Montevideo, Uruguay

alte Damen unter Platanen, schmale Straßen mit verblichenen Kolonialgebäuden und dazwischen ein Stück Niemandsland, große Parks, ältere Herren mit Strohhüten und weißen Schuhen, und dann wieder plötzlich vor einem pompösen Bankgebäude mit mächtigen Säulen ein Pferdefuhrwerk mit jemandem, der aus allen Mülltonnen die leeren Dosen fischt. Dies ist keine Stadt für nur einen Tag, hier muß man bleiben und eine seltsame Geschichte schreiben, über den Trödelmarkt Mercado del Puerto, alte Instrumente, altersschwache Grammophone aus einer anderen Zeit, Hunderte von Matebechern, kleinen Orchestern, die zwischen den Ständen umherlaufen, Großmutters letzte Gläser, einen Porzellanhund, ein Buch mit Nationalhelden, Bolívars Lebensgeschichte, Staubschichten, Puder von früher. Die Reste einer alten Stadtmauer, die Kathedrale, dann wieder ein beängstigend hohes Gebäude mit gläsernen Appartements, aus denen die Klimaanlagen wie rechteckige Pusteln hervorstehen, das klassische Teatro Solis mit dem Bild Onettis obendrauf, ein Mann mit Stetson und einer Brille mit dicken Gläsern und schwerer schwarzer Fassung, jemand, der einen nicht ansieht. Das ist gelogen, denn als ich 2005 dort stand, gab es dieses Foto noch nicht, ich habe es erst später gesehen, aber auf diesem Theater. Das Foto gehörte zu einem Text des Schriftstellers Juan Cruz in *El País*. Er erzählt darin, wie er irgendwo in Montevideo ein verstaubtes Café betritt, dem er keinen Namen gibt. Vielleicht habe ich es heute ebenfalls besucht. Ein Mann ist dabei, sehr langsam Gläser zu spülen, und sagt, ohne aufzublicken: »Wir haben geschlossen.« Seit wann, fragt Cruz. »Seit hundert Jahren«, lautet die Antwort, und damit hat man gleich eine ganze Stadt gesehen.

In einer Buchhandlung frage ich, wo Onetti begraben ist. »Auf dem Cimenterio Central.« Ich hätte wissen können, daß das nicht stimmt, denn Onetti ist in Madrid gestorben. Aber weil man sich nie ganz sicher ist, bin ich trotzdem hingegangen, und binnen fünf Minuten war ich im neunzehnten Jahrhundert: Standbilder in den steinernen Kleidern Balzacs und Flauberts, trauernde Witwer am ebenfalls steinernen Leichnam ihrer Frau, ein Mitra tragender Bischof auf einem erhöhten Lustbett, die marmorne Fläche des Grabes von Luis Battle Berres, 1897-1964, der ein mächtiger Mann gewesen sein muß, liegt er doch mit den Füßen zu dem Gitterzaun, der den Friedhof vom Fluß trennt. Zu diesem Grab gehört eine Gruft, in Sachen Tod ist man in dieser Gegend der Welt nicht gerade bescheiden, sondern bringt richtige Immobilien ins Spiel, Kapellen, halbe Paläste, Krypten. Ich lasse meinen Blick eine Weile über den Fluß wandern, ob ich nicht doch irgendwo an dem breiten Wasser Onettis ersonnene Stadt mit all ihren Intrigen und grausamen Geheimnissen finden kann. Vom Friedhof aus betrachtet ist der Fluß ein Meer, ich sehe das jenseitige Ufer nicht, obwohl es existiert, und das macht diesen Fluß zu einem Totenfluß. Auf der gegenüberliegenden Seite stiegen in den Jahren der Diktatur zwischen 1976 und 1983 die Flugzeuge auf, die politische Gefangene, die man zuvor gefoltert und betäubt hatte, über dem breiten Wasser, auf das ich jetzt blikke, hinauswarfen, Männer, Frauen, manchmal auch Kinder. Eines dieser Kinder war ein vierzehnjähriger Junge, Floreal Avellaneda, auch el Negrito genannt. Sein großes Verbrechen: Mitglied des Kommunistischen Jugendbundes. Am Morgen des 15. April 1976, wenige Wochen nach dem Staatsstreich, drangen maskierte Soldaten in sein Haus ein. Sie suchten nicht ihn, sondern seinen Vater, einen kommunistischen Textilarbeiter. Der Vater war nicht da, also nahmen sie den Sohn und die Mutter mit sowie alles im Haus befindliche Geld. Beide wurden ins Kommissariat in der Villa Martelli gebracht und gefoltert. Die Mutter, die als einzige überlebt hat, hörte ihr Kind in einem anderen Raum schreien. Danach wurde der Junge ins Konzentrationslager El Campito gebracht. Am 14. Mai, dem Tag, an dem er fünfzehn geworden wäre, wurde seine Leiche gefunden, angespült an der Küste Uruguays.

Erst in dem Jahr, in dem ich dies schreibe, 2009, findet der Prozeß gegen eine Reihe hoher Offiziere statt, die in diesem Fall verwickelt waren. Unter der Regierung von Néstor Kirchner wurden die Gesetze, die Militärangehörige auf Lebenszeit vor Strafverfolgung schützen sollten (*las leyes del perdón*), vom Verfassungsgericht endlich für ungültig erklärt. Im ersten Prozeß steht General Santiago Ri-

Montevideo, Cimenterio Central

63

veros vor Gericht, 86 Jahre alt, ehemaliger Befehlshaber der argentinischen Armee in der Zone IV. Die Anklage lautet auf gesetzwidrige Gefangennahme, Folterung und Mord an dem vierzehnjährigen Jungen, und er bekommt lebenslänglich. Die Autopsie hat ergeben, daß der Junge durch *apalanciamiento* zu Tode kam. Mein Wörterbuch führt das nicht auf, aber die Zeitung ist hilfreich. Die Mörder haben eine *estaca*, einen Pfahl, durch seinen Körper gebohrt. Auf den Schildern der Demonstranten vor dem Gerichtsgebäude sehe ich das Foto dieses Jungen. Glänzendes schwarzes Haar, gescheitelt, weißes Hemd, breite schwarze Krawatte. Er lebt, behaupten die Schilder. Aber das ist es ja gerade, er lebt nicht mehr. Der General dagegen schon, und auch von ihm gibt es ein Foto. Angehöriger der besseren Kreise Argentiniens, erkahlend, zurückgekämmtes silberweißes Haar, gestreiftes Hemd, locker umgebundenes Halstuch, grauer Pullover aus Wolle oder Kaschmir, darüber ein Jackett mit silbernen Knöpfen, einer der Herren, wie man sie auch in Madrid in vornehmen Cafés sieht.

Meine Schiffsreise ist zu Ende. Im Dämmerlicht fahren wir über das totenstille Wasser und sehen Montevideo hinter uns verschwinden, bis auch die letzten Lichter versunken sind. Ein letzter Abend im Alten Fritz, ein Himbeergeist, noch einer, Abschied von Tänzerinnen und Zauberkünstlern, und dann das erste Morgenlicht in Borges' Stadt. Städte gehören hier den Schriftstellern. Ich bin von Neruda zu Onetti gefahren und von Onetti zu Borges und Gombrowicz, zu Ocampo und Bioy Casares und allen Dichtern dazwischen.

8

Reise ist Bewegung. Ich bin nicht in Buenos Aires geblieben, sondern nach Puerto Madryn zurückgeflogen. Nach den Wochen auf See war mir das Getriebe der Welt zuviel, Tangos, der letzte Bergman-Film mit spanischen Untertiteln, Freunde, der Jockeyclub mit seiner unglaublichen Bibliothek von Argentiniana, die Boulevards eines Landes in der Krise, das Auf und Ab des Peso, die Rutschbahn der Börse und die *cartoneros*, die mit ihren Karren nachts umherziehen und überall Altpapier suchen, um es zu verkaufen, ihre letzte Einkommensquelle. Der Markt von San Telmo mit alten Ausgaben von *Sur*, der Zeitschrift Borges' und Ocampos, die ich natürlich nicht liegenlassen kann, die eigene Welt irgendwo anders, Europa im Südland – doch dafür bin ich nicht hergekommen, und so bin ich einen Tag später vom Flughafen in Madryn unterwegs zur Península de Valdés. Jemand hatte mir die Adresse der Estancia La Ernestina am Ende der Halbinsel gegeben. Ich rief an, sie hatten Platz. Man fährt zunächst ungefähr neunzig Kilometer nach Puerto Pirámides und danach weitere fünfundsiebzig nach Punta Norte, wo die Estancia liegt. Die Straße ist eine breite Spur aus rötlichem Splitt voll harter Riffel, das Land leer, Erde, *coirón*, strandhaferartiges Gras, merkwürdige kugelförmige Strauchpflanzen namens *neneo*, dann und wann ein verdutztes Guanako oder ein *choique*, ein straußenähnlicher Zweibeiner, der rasend schnell laufen kann. Kaum entgegenkommende Fahrzeuge, große Staubwolken, die man aus der Ferne wie einen Ball heranrollen sieht. Es ist eine starke Landschaft, die immer trockener wird, je näher wir dem Ozean kommen. Die Estancia ist flach, davor steht ein Landro-

Península de Valdés, Argentinien

66

ver Defender mit Orca 1 auf dem Nummernschild, so daß man gleich weiß, woran man ist. Juan, der Eigentümer, ist ein leidenschaftlicher Verteidiger dieses vom Untergang bedrohten, gefährlichsten aller Wale. Es sind gnadenlose Raubtiere, die ihre Beute im Herdenverband jagen. Später sehe ich in einem Film, wie sie ein Walkalb von der Herde trennen, auf die Seite treiben, alle gemeinsam angreifen, das Meer rot von Blut. Hierher kommen sie in der Jahreszeit, in der die Seelöwen Junge haben. Dann stranden sie buchstäblich, packen ihre Beute und warten, bis die Flut kommt und sie wieder ins Meer geschwemmt werden. Juan erzählt, daß er manchmal mit ihnen schwimmt, er kennt sie, und sie kennen ihn.

Sechs Zimmer hat die Estancia, abends um halb elf wird der Generator ausgeschaltet. Tiefste atlantische Stille, ein kleines bläuliches Notlicht, bei dem man nicht mehr lesen kann. Zwei andere Gäste sind im Haus, ein Biologe aus Kanada und eine australische Wildlife-Fotografin. Am nächsten Morgen werden wir die Seelöwen besuchen. Auf dem Gebiet der Estancia leben fast dreihundert Männchen, siebenhundert Weibchen und über tausend Junge. Wir fahren mit dem Landrover hin. Zuerst dürfen wir uns noch aufrecht bewegen, danach nur noch auf Händen und Füßen, und das letzte Stück bis zur Herde müssen wir robben, eine aufgerichtete Gestalt gilt als Aggression. In der Ferne sehen wir die Herde, schwarz und braun, Juan erzählt von *lobos de un pelo* und *lobos de dos pelos*, Seelöwen mit einer Haut und solchen mit zwei Häuten samt den damit verbundenen Vor- und Nachteilen, doch dann wird aus seinem Sprechen Flüstern, und so leise wie möglich schieben wir uns gleich ungelenken Reptilien über die rauhen Steine am Strand. Wir rücken in Etappen vor, jedesmal, wenn Juan die Hand bewegt, kriechen wir ein Stück weiter, bis wir uns mitten in der Herde befinden. Die großen Tiere achten nicht auf uns, wir sind unsichtbar. Dann robben die ersten Jungen auf diesen merkwürdigen umgeknickten Pfoten auf uns zu. Große, gleichmäßig dunkelblaue Augen in Embryoköpfen, ein Knopf als Ohr, *aliens*. Sie kommen ganz nah heran, schnuppern an uns und stellen fest, daß wir nicht Teil ihrer Schöpfung sind. Ein Anflug von Abscheu, von Schreck in diesen behaarten Masken, dann rutschen sie wieder weg von uns. Die erwachsenen Tiere kommen nicht so nah, tun aber so, als stellten wir überhaupt nichts dar oder wären gar nicht da, genauso wie Japaner in der U-Bahn von Tokio, die es immer schaffen, durch einen hindurch oder an einem vorbei zu schauen, man existiert einfach nicht. Und wie zum Beweis beschließt einer dieser gewaltigen Löwen diejenige Haremsdame, die ihm am nächsten ist, zu besteigen. Er wiegt Juan zufolge mindestens vierhundert Kilo, hat sich hoch aufgerichtet und bewegt dieses enorme Gewicht vor und zurück im bekannten Rhythmus. Die Haare seines Pelzes sind rotbraun, sie, die unter ihm Liegende, ist viel heller und wiegt ein paar hundert Kilo weniger. Sie ist eindeutig auch wesentlich jünger und muß Schauunterricht in Japan genossen haben, denn sie blickt während der langen Prozedur an uns vorbei oder durch uns hindurch, genausogut könnte eine Möwe auf ihrem Kopf sitzen, falls sie etwas spürt an Genuß oder Schmerz, ist das jedenfalls nicht zu erkennen. Von Zeit zu Zeit hebt er sein mächtiges Haupt und läßt mit seinem Brüllen die Erde erzittern. Ich bin inzwischen vollkommen steif, höre das Klicken der Kameras der beiden Fotografinnen, und wegen des voyeuristischen Elements muß ich an die Schildkröten in meinem Garten in Spanien denken, bei denen das Männchen kleiner ist als das Weibchen, das immer wieder losläuft, so daß er jedesmal herunterfällt, bis er sie oder sie ihn, das ist nicht eindeutig auszumachen, in eine Ecke manövriert hat – der Auftakt zur letzten Arie der Oper. Hier vermag ich den Kopf nicht länger hochzuhalten, ich liege mit Mund und Augen in den keineswegs sanften Kieselsteinen, lange nicht der Erde so nah gewesen. Und als wäre das noch nicht genug, führt uns Juan danach zu einem anderen Teil seines riesigen Geländes, dorthin, wo die See-Elefanten leben. Dort muß alles mit zehn multipliziert werden, die Männer wiegen nicht vierhundert, sondern viertausend Kilo, und man sieht, warum sie Elefanten genannt werden: An den mächtigen Köpfen sitzt eine Art atrophierter Rüssel, und mich überkommt geziemende Demut, als wäre es nicht recht, daß man mit seinen kleinen Ausmaßen einfach unter diese Familie schlüpft. Ich bin froh, daß ich danach als Gulliver inmitten eines Volks von fünfzigtausend Pinguinen umherstaksen darf, eines Volks, das sich ernsthaft mit sich selbst beschäftigt, das aber wenigstens auf Höhe meiner Knie tut. Ob es nun von der merkwürdigen Haltung kommt, die sie Staatssekretären oder emeritierten Bischöfen ähnlich sehen läßt, jedenfalls wird mir plötzlich bewußt, daß der Zufall der Evolution mir auch ein Dasein als Pinguin hätte zuweisen können, oder umgekehrt, daß ich hier mit fünfzigtausend anderen Homonoiden leben könnte und ein paar Riesenpinguine kämen, um uns zu studieren.

9

Ein Schrei nach Gerechtigkeit und ein sehr kleines goldenes Kerlchen. Manchmal definiert ein offenkundiger Gegensatz den Ort, an dem man sich gerade befindet. Nach der Península de Valdés bin ich noch weiter nach Süden gefahren, doch weil dies eine umgekehrte Welt ist, kam es mir vor, als bewegte ich mich nach Norden, die Pampas von Santa Cruz, die Steppen Patagoniens mit den wild aussehenden *banderas*, Bäumen, denen der Wind derart zusetzt, daß ihre Krone wie eine Fahne in eine einzige Richtung weht, über das letzte Stück der berüchtigten Ruta 40 bis zur schlampigen, verregneten Endstation Río Gallegos mit seinem Museo de los Pioneros, *frontier town*, Grenzgebiet. Dort läßt man die Straße Straße sein und fährt auf einer Wagenspur zum Leuchtturm von Cabo de las Vírgenes am äußersten Ende der Magellanstraße. Hier schläft man in einem der kleinen Holzhäuser der Estancia Monte Dinero, ißt am Leuchtturm und schaut mit dem Fernglas zum anderen, fernen Kap auf Feuerland hinüber, dem Cabo de Espírito Santo, in diesen Gegenden ist die Kirche von Rom stets sehr nah. Und dann kann man wieder mal nicht widerstehen und fährt noch einmal nach Ushuaia. Die von der Geschichte gezogene Linie verläuft schnurgerade durch das Land auf der anderen Seite, doch nach Chile kommt man nur auf einem Umweg und nach Ushuaia kann man mit der Fähre. Aber dann ist es genug, ich tausche den Süden gegen den Norden, der wie ein Süden aussehen wird, und fliege die 4459 Kilometer ins koloniale, tropische Salta, die Stadt dieses kleinen goldenen Kerlchens.

Es muß Jesus sein, in ein Gewand aus Goldbrokat ge-

70

hüllt, mollig, kirschrote, sinnliche Lippen, ungefähr drei Jahre alt, dicke, glänzende Wangen, ein Spitzenkragen, nackte Füße, aber dennoch eine edelsteinbesetzte Krone und große blaue Augen, die einen nicht ansehen, ein ängstliches Gesicht, gerade etwas Unheimliches geträumt. Er muß in einer Kirche gestanden haben, Simone hat ihn unter seinem Baldachin fotografiert. Der Schrei nach Gerechtigkeit muß ganz in der Nähe gewesen sein. In einer Nische an die Wand gepinselt mit diesen schwarzen, ungelenken Buchstaben, die Wut verraten. ESTA ES LA JUSTICIA, ruft die Mauer. »Das ist Gerechtigkeit«, und so ein Satz meint mit der Kraft der Rhetorik natürlich genau das Gegenteil. Daß Menem, der frühere Präsident, der immer ein wenig aussah wie eine Schnecke in einem Siruptopf, klein, glatt, eine Spur zu braun, FREI ist, die Arbeiter von Caleta Olivia aber im Gefängnis sind, der Mörder frei und über 4000 Kämpfern der Prozeß gemacht wird. Warum glaube ich, daß sie recht haben? Habe ich dafür auch nur einen Beweis? Nein, es sind die abgeblätterte Mauer in der tristen Straße, das Papierknäuel im Rinnstein, die albern gezeichnete Waage, die am T von *justicia* hängt, genau zwischen JUS und ICIA, der schmutzige Gehweg mit den ungleichen Steinplatten und die traurigen Telefonkabel an der Hauswand, die dem Schrei recht geben.

Salta – einer, der hier wohnt, woher stammt der? Aus Salta natürlich, aber vor allem aus der Geschichte dieses Landes. Ein Inkareich, das von Peru bis in diese Region reichte, aber keine Denkmäler hinterlassen hat. Dies war die ferne Peripherie, hier lebten die Indianer, wie sie Jahrtausende lang gelebt hatten und wie die ersten Spanier sie im sechzehnten Jahrhundert auf ihrer gefräßigen Suche nach Gold und Silber antrafen. Diese waren sich ihrer Sache so sicher, daß sie das Land, das noch kein Land war, schon mal Argentinia nannten, Silberland. Kolonial wirkt es, noch immer. Ihr Blut vermischte sich mit dem der Einwohner, ihr Glaube und ihr absolutistisches System sind nach wie vor sichtbar: die Kathedrale, das *cabildo*, von dem aus regiert wurde, die Standbilder der spanischen Gründer und Eroberer, die strenge Schachbrettgliederung der Städte, wenn man über Salta oder Jujuy fliegt, sieht man das koloniale Gittermuster; die schnurgeraden Straßen sind nach geschichtsträchtigen Daten oder Helden benannt, wie San Martín oder Bolívar, die die Kolonien aus dem Griff Spaniens befreiten, Sarmiento oder Mitre, die sie von der Diktatur Rosas' befreiten, tragen aber nicht den Namen des »Gauchos« Rosas selbst, jenes grauenhaften Caudillos, der im neunzehnten Jahrhundert eine zwanzigjährige Schreckensherrschaft ausübte, deren Schatten sich nie ganz gelichtet haben. Es scheint, als existiere kein Mittelweg zwischen Freiheit einerseits und Unrecht und Ungleichheit andererseits. Gibt es etwas im spanischen Charakter, weswegen ein ganzer Kontinent jahrhundertelang für ein bißchen Demokratie kämpfen mußte, und wieviel hat das mit dem Katholizismus zu tun? Rosas, Perón, das blutige Regime Pinochets in Chile, und bis vor fünfundzwanzig Jahren die Generäle hier? Unrecht und Ungleichheit zu bekämpfen ist prima, doch wenn das nur durch eine Diktatur à la Fidel Castro zu erreichen ist oder die Manipulationen eines Hugo Chávez, was nützt das dann?

Hoch und niedrig. Gott hoch, die Menschen niedrig. Gott wie die Kirche des Heiligen Franziskus, rosarot und mit vielen weißen Säulen, ein Palast des Reichtums für einen Bettelmönch. Gott auch in der Gestalt dieses Mönchs auf einem hohen Sockel. Und dann wieder ein General hoch und die Menschen noch immer niedrig. Er reitet auf dem großen Platz, den Kopf zwischen den Washingtonpalmen und den Araukarien, über die allegorischen Figuren im unteren Teil seines Standbilds, und die Menschen sitzen tief unter ihm auf den Stufen zu seinem Ruhm und füllen mit ihren sanften Gesprächen den Abend. An einer Straßenecke steht verloren ein Ritter mit Mühlkragen und Pluderhose aus der Zeit Cervantes'. Ritter und General, ich kann ihre Namen nicht lesen, Versatzstücke aus der Geschichte der Menschen, die hier sitzen und in der Dämmerung die Tauben füttern. Das Historische Museum habe ich mir angesehen, die niedrigen Formen des weißen *cabildo*, harmlos gewordener Kolonialismus, eigentlich nur schön, wie auch die barocken Figuren in der Kirche und das barbarische Gold des Altars von allein schön geworden sind, weil die Zeit hier das Fremde zum Eigenen zurechtgeschliffen hat. Jedes Jahr im September wird die Gekrönte Jungfrau der Tränen gefeiert, und es gibt die Prozession des Primitiven Kreuzes des Herrn des Wunders. Ein Dichter braucht sich hier nichts auszudenken, alles ist schon da, im Spanischen des Frühbarock, geerbt aus dem Andalusien und der Estremadura der Eroberer. In der Nähe des Bahnhofs schlendere ich durch die Calle Balcarce, Bars, Restaurants, Läden mit Gebäck wie die Bildhauerkunst Jeff Koons', ich höre Musik, es wird getanzt, dies ist fern von der Welt und zugleich der Mittelpunkt der Welt. Hier startet der *Tren a las nubes*, der Zug zu den Wolken, die höchste Eisenbahnlinie weltweit, die über die Anden nach Chile führt. Es gibt ein Festival für Reiseschriftsteller in Frankreich, in Saint-Malo, namens *Étonnants Voyageurs*, zwei Wörter aus einem Gedicht von Baudelaire: »Erstaunliche Reisende, sagt! was habt ihr gesehen?« Die Antwort von heute: Ich sah eine Kanzel mit den Porträts von Augustinus und Thomas von Aquin, ich sah den Zweispitz der Galauniform von General Martín de Güemes, ich sah einen aus dem Holz des Jakarandas gefertigten Stuhl und einen flehenden Indianer aus Stein aus der vorkolonialen Zeit. Dies alles im Museo Histórico del Norte. Ich habe Zeichnungen gemacht, von einem Mordwerkzeug, einer *maza rompecabezas*, ein gezackter Stein, mit dem man Köpfe einschlagen kann, und von einem *aribalo*, in dem die Inka Flüssigkeiten transportierten. »Strick durch zwei *asas* (Henkel)«, lese ich, »Ausstülpung unten am Hals (des Kruges).« Was war der Sinn all meines Eifers? Werde ich das alles behalten? Vielleicht nicht, doch unsichtbar werde ich das Vergessene dieser merkwürdigen Buchhaltung mit mir tragen, so wie man manchmal Geld in einer Jacke findet, die man nie mehr trägt, oder wie ein Traumbild einen an etwas erinnern will und man weiß nicht mehr, was. Alles verschwindet, nichts geht verloren.

Unterwegs nach Norden. San Salvador de Jujuy. Barockengel am Geländer der hohen Kanzel vor der Wand in der Kathedrale. Sie sind aus Holz und aus Gold, und trotzdem schweben sie. Ich frage mich, ob der Priester die apfelförmigen goldenen Brüste der bildschönen Karyatide noch sieht, die soviel Gewicht tragen muß, wenn er auf dieser ellenlangen Jakobsleiter nach oben steigt. Draußen auf dem großen Platz demonstriert die Gewerkschaft, weiße und blaue Fahnen, aber sie halten sie so, daß die Aufschriften nicht zu lesen sind. Ein kleiner Junge stellt sich vor mich, so daß ich nicht weiterkann. *Limpiabotas*, der Schuhputzer. Ich sehe ihm an, daß er weiß, er hat einen Fang gemacht, und wir lachen. »*Sucio*«, ruft er, schmutzig, und deutet auf meine Schuhe. Putzen kann er. Zuerst trägt er etwas Nasses auf, dann verreibt er es, dann wieder etwas Nasses, ziemlich orange, wieder reibt er, dann schlägt er das Tuch fest auf den Schuh. Erst danach kommen die Bürsten zum Einsatz. Zum Schluß wird alles in einer Holzkiste verwahrt, die Pesos kommen in eine Plastikdose. Ich kann weiterreisen, Tilcara, Humahuaca. Unterwegs übernachte ich in einem Hostal außerhalb der Stadt, Mücken, Hundegeheul in einem großen Kreis rund ums Haus. Schlaflose Nacht, der Wein hatte 16,2 %, San Pedro de Yacochuya. Nach draußen geflüchtet, fünf Musiker aus Humahuaca mit Panflöten und tierfellbespannten Trommeln, sie spielen mit heftigen Atemstößen, die Trommeln wie der Herzschlag eines großen Tiers, die Gesichter ernst, verschlossen. In Purmamarca übernachten wir im Manantial del Silencio, der Quelle der Stille. Spanisch hat nie Angst vor großen Worten. Und spanisch ist es, alt, feudal, Kolonialmöbel, eine Bibliothek, Stille, mitten in den immer wilder werdenden Landschaften eine Oase. Bei Salta waren es noch Pferde auf saftigen Wiesen, danach wurde es trockener, surrealer, eine phallische Vision von übermannshohen Kakteen, die sich wie einsame, stachlige Männer vom Horizont abheben.

Die Straße nach Bolivien führt an Salzgruben vorbei, die wie große Eisseen aussehen, das gleißende Weiß sticht in die Augen. Schneehaufen aus Salz entlang der schmalen Straße, doch weil ich einen Umweg gewählt habe, kann man kaum mehr von Straße sprechen, eher von einer Piste, auf der man manchmal aus dem Auto steigen muß, um einen Stein auf die Seite zu schleppen, bis ich wieder auf die Ruta 40 komme, die durch ganz Argentinien läuft, 4667 Kilometer lang, eine Herausforderung für den Reisenden. Ich habe sie bereits kennengelernt, in Patagonien. Die Ruta 40 ist für Argentinien, was die Route 66 für Amerika war, doch weite Teile bestehen nur noch aus Piste, manchmal mit furchterregenden Schlaglöchern, wenn es regnet, gibt es kein Durchkommen. Später werde ich auf die 9 gelangen, die breite Straße nach Bolivien, aber hier noch nicht. Ich weiß, daß ich an der Grenze umkehren werde. Vor vierzig Jahren war ich in Bolivien, es war die Zeit Che Guevaras, vielleicht ist das der Grund, weshalb ich weiterfahren möchte, als könne man demjenigen, der man damals gewesen ist, noch einmal begegnen. Die Menschen, die ich jetzt sehe, gleichen denen von damals, zäh, unendlich geduldig, die Gesichter unter den Hüten verschlossen. Ich fahre durch die Quebrada de Humahuaca, es ist die dramatischste Landschaft, die ich je gesehen habe. Quebrada bedeutet Schlucht, es ist ein ausgewaschener Trog, durch die der Río Grande strömt. Das Gebirge ist vielfarbig, schroff, und natürlich trägt ein Gipfel oder eine Formation das Wort Teufel oder das Wort Farbe im Namen. Puente del Diablo, Teufelsbrücke, Paleta del pintor, Malerpalette. Und so sieht es tatsächlich aus, eine gigantische Steinpalette, rot, ockerfarben, bleigrau, weiß, bedrohlich. Der große Maler braucht nur ein einziges Mal vom Himmel herabzusteigen, um dem Rest der Welt neue Farbe zu verleihen. Einmal begegne ich auf einer Nebenstraße einer Prozession, einer Gruppe stiller Menschen mit einer Heiligenfigur auf einem Pferd und ein paar Fahnen, und wie sie in dieser leeren Landschaft vor einer Kulisse aus Wolken und Tafelbergen dahinziehen, muß ich an Slauerhoffs letztes Buch denken, *Christus in Guadalajara*, Indianer, die einem falschen Heiland in einen von vornherein zum Scheitern verdammten Aufstand folgen. Que-

76

chua spricht man hier, mit Buenos Aires oder Patagonien hat dies nichts mehr zu tun, von den Gletschern in Feuerland bis hier erstreckt sich eine Unendlichkeit, in der die Städte nur Intermezzos sind. Ich halte irgendwo an, um zu essen, *picante de llama, llama en pimiento negro, picante de mondongo*, Eingeweide oder Lama, aber auf jeden Fall scharf. *Disculpe que no tenemos agua por corte general de Aguas de los Andes S. A.* Entschuldigen Sie bitte, daß wir kein Wasser haben, wir sind von der Wasserversorgung aus den Anden abgeschnitten. Kein Wasser, dann eben Wein. *Parral de los Monjes*, Weinberg der Mönche, und Wein von den Augustinerpatern des Klosters *María de la Vid*, Maria vom Weinstock – man muß Katholik sein, um zu wissen, daß mit diesem Weinstock Christus gemeint ist. In der kleinen Dorfkirche sehe ich im Beichtstuhl auf dem Platz, auf dem der Priester normalerweise sitzt, einen großen Kartoffelsack, *papas de consumo*, alle Sünden des Dorfes in diesem einen Möbel, und die Kartoffeln, die die Geheimnisse jedes Bewohners kennen.

Die Straße steigt langsam, aber unaufhaltsam an. In Jujuy waren wir 1200 Meter hoch, in Humahuaca sind es schon fast 3000, die Luft ist dünn wie in Bolivien. Bei Tres Cruces, wo der Río Grande entspringt, befindet man sich oberhalb von 4000, links und rechts der Straße ragen über 5000 Meter hohe Gipfel auf. An der Straße ein Denkmal als Markierung des Wendekreises des Steinbocks, dies ist die Grenze zu den Tropen, der 23. Breitengrad. Kommt man am 21. Dezember hierher, fallen die Sonnenstrahlen senkrecht auf den Boden, eine Welt ohne Schatten, ohne unsere gesichtslosen Doppelgänger.

Die Grenze. Niedrige Gebäude, der aufgerissene Be-

77

ton der Straße, Lastwagen, aber auch ein unvorstellbarer Betrieb. Riesenlange Menschenschlangen, hauptsächlich Frauen, stehen hinter den Absperrungen Richtung Bolivien. Sie tragen alle riesige Säcke auf dem Rücken, Säcke, so groß, daß sie sich tief bücken müssen, um gehen zu können. Doch die gleiche lange Schlange steht auch auf der anderen Seite. Es dauert einen Moment, bis das Bild zu mir durchdringt. Hier bewegt sich unentwegt eine Menschenmenge von einem ins andere Land und wieder zurück. Ich bemerke, wie sich die argentinischen Zöllner das tatenlos ansehen und die Menge durchlassen, ohne nach Papieren zu fragen. Bevor ich richtig nachgedacht habe, stehe ich schon zwischen den Frauen und trotte langsam mit. Falls die Grenzwächter mich gesehen haben, lassen sie es sich nicht anmerken. Ich bin zwar nicht groß, rage aber doch aus der Menschenmenge heraus, und außerdem habe ich keinen Sack. Niemand hält mich auf, und plötzlich bin ich in Bolivien. Einbildung natürlich, daß es dort anders aussieht, ärmer, karger. La Quiaca heißt dieser Grenzort, als ich mich umdrehe, sehe ich auf einem Schild, daß es 5121 Kilometer nach Ushuaia sind. Mir wird bewußt, daß ich kein bolivianisches Geld habe, aber ich besitze noch ein paar Dollarscheine, damit kommt man in diesem Teil der Welt weit. Ich gehe ins Hotel Frontera, ein niedriges dunkles Gebäude mit nur einem Stockwerk (*hay habitaciones disponibles con baño compartido*), bestelle ein Bier und frage, was die biblischen Szenen da draußen bedeuten. Die Antwort ist simpel, die Dritte Welt kindergerecht erklärt. Infolge der Krise des argentinischen Pesos ist der Zement auf der anderen Seite um einen Bruchteil billiger. Und so gehen die Frauen unaufhörlich über die Grenze, um in Argentinien einen Sack zu kaufen und sich auf den

Die Straße nach Bolivien, hinter Purmamarca

Rücken zu laden. Damit verdienen sie pro Sack diese minimale Differenz, und am Ende des Tages ist es für hiesige Begriffe plötzlich viel. Ich gehe ein Stück weit die Straße entlang. Lehmhäuser, Verfall, ein Mann auf einem Pferd, Lamas, die mich mit ihren Philosophenköpfen betrachten und dann weiter an den trockenen Sträuchern fressen – später so etwas Ähnliches wie ein Zentrum, auch hier alles flach und unscheinbar.

An den Rückweg hatte ich nicht gedacht, doch die Menge ist so groß, daß es kein Problem wird. Ich denke, daß ich mich ausreichend tarne, wenn ich wie sie gebeugt gehe und niemanden ansehe, und so ist es. In der Ferne steht in großen Buchstaben über der Straße: WILLKOMMEN IN DER REPUBLIK ARGENTINIEN, und als Menge getarnt, kehre ich entgegen dem Strom in das Land zurück, als einziger ohne Zement. Auf den Säcken steht Muscariello oder Victoria, doch nach einem Sieg sieht es nicht aus.

Grenze zwischen Argentinien und Bolivien

Von einem Hügel aus betrachtet, ist es ein atemberauben-
des Bild, ein Regisseur aus Hollywood hat die Tausenden
bestellt, die dort durch das staubige flache Land unentwegt hin- und herziehen. Es ist hoch hier, wenn man nicht

daran gewöhnt ist, hat man Mühe beim Atmen. Als ich inmitten der Menschen ging, hörte ich, wie still es war, außer dem Schlurfen der vielen Füße war nichts zu vernehmen. Wo mein Auto steht, ist eine Busstation. Ich sehe mehrere Backpackers, die wie ich auf dieses Bild schauen. Sie reisen, wie ich früher, in den fünfziger Jahren, gereist bin, per Anhalter und in überfüllten Bussen, mit wenig Geld, und schlafen, wo es sich gerade ergibt.

Sie kommen aus Bolivien, hier fahren die Busse ab nach Rosario, Tucumán, Pocitos, Buenos Aires, Tausende von Kilometern. Ihre großen Rucksäcke erinnern mich an die Zementsäcke, die ich gerade gesehen habe. Oft werde ich gefragt, ob die Welt nicht klein geworden ist oder worin der Unterschied zwischen Reisen und Tourismus besteht. Der Unterschied ist der: Für diese Trekker ist die Welt nicht klein, sondern groß, und wenn sie, nachdem sie so gereist sind, nach Amerika oder Europa zurückkehren, haben sie etwas über diese Welt gelernt, das sie nie mehr vergessen werden.

Rückfahrt, Cafayate, Cachí, nach acht Stunden Piste möchte ich im Neonlicht noch etwas notieren, aber es gelingt mir nicht mehr. Ein Hund, der vor einem Augenblick noch wie ein Hund aussah, wird langsam zu einer Silhouette, ich höre spielende Kinder, das Geräusch eines Balls, spüre die unendliche Leere des nächtlichen Lands ringsum, es ist Halbmond, und ich denke an eine alte Dame, längst verstorben, die einst zu mir gesagt hat, *la media luna es una cuna*, der Halbmond ist eine Wiege, ein Satz, der bewirkt, daß ich bei jedem Halbmond an sie denke. Meine Reise schließt sich um mich, und ich gehe in die Wiege, die mein Bett ist. Einen Tag später fliege ich den langen Weg zurück nach Buenos Aires. Ich weiß, daß meine Reise zu Ende ist, doch mein Tagebuch möchte zum Schluß noch etwas sagen.

26. 2. Buenos Aires. Gestern abend im Museo del Jamón gegessen. Am Nebentisch eine argentinische Familie, upper middle class würde man in England sagen, wo man so etwas aufs Gramm genau wiegt. Zwei junge Frauen mit einem Kind, dazu der Vater und der Großvater des Kindes. Wie manche Menschen sich doch völlig selbst genügen! Eine der Frauen saß auf ihrem Stuhl, als würde sie immer auf einem Pferd sitzen, die breiten Beine leicht gespreizt, lang, beige Baumwollhose tief, ein Stück brauner, starker Rücken, der obere Rand eines schwarzen Slips. Das Ganze kraftvoll, starkes Gesicht. Messer in der Linken, mobil Telefonieren mit großen und dennoch leichten Bewegungen, erst nach einer Stunde ein Blick zum anderen Tisch. Nach dem Fliegen und Reisen tut es gut, sich die Unruhe der Stadt anzusehen – und auch, (ein bißchen) im Spanischen zu sein. Die 9 de Julio und die Alvear entlang ins Hotel spaziert. Überall Menschen, die im Plastikmüll nach etwas suchen und damit in zweirädrigen Karren weggehen, die sie vor sich her schieben. Viel Schmutz auf den Straßen, Unkraut, kaputte Gehwege. Später irgendwo ein Steintrog, in dem ein Junge schlief, als sei er vom Himmel hineingefallen. Etwas entfernt drei weitere Schläfer, nebeneinander auf dem Gehweg, die Hand des (von der Mauer) am weitesten links Liegenden im Schlaf so verlangend geöffnet. Diese Gesellschaft ist provozierend und unerträglich.

Januar / Februar 2005, August 2009

2

Ein Tod aus Feuer und Wasser

An den Ufern des Ganges

Nein, nach Indien dürfte man eigentlich nicht nur für zwei Wochen fahren. Auf einen Kontinent mit endlosen Entfernungen, mit mehr als einer Milliarde Menschen, mit einem Bürgerkrieg im Norden, mit dem Gegensatz zwischen Muslimen und Hindus, den Gesetzen des Korans und der Kasten, der sich einem fortwährend entziehenden Bedeutung von Dharma, Karma, Atman und Moksha, der grausamen Ehe von Armut und Reichtum. Egal, wieviel man gelesen hat – wenn man dort ist, wird die schiere Masse des Sichtbaren einen erdrücken. Wie lange es wohl dauern mag, bis man Ordnung in dem zu sehen begänne, was als Chaos auf einen zukommt?

Ich bin auf die New Delhi Bookfair eingeladen worden, weil eines meiner Bücher in Hindi erschienen ist. Im Verlauf dieser Woche werde ich es bekommen, und es wird aussehen wie etwas, das schon fast nichts mehr mit mir zu tun hat. Die schönen, an einer geraden Linie hängenden Zeichen können unmöglich die Worte sein, die ich geschrieben habe. Aber sie sind es, als ich in einer ehrwürdigen Akademie auf englisch daraus lese, decken sich die Zeichen mit den niederländischen Worten, in denen ich die Geschichte einmal erzählt habe. Alles stimmt, kurzfristig habe ich mit diesem merkwürdigen blauen Buch mein Kommen legitimiert, ansonsten darf ich mich zwischen all den anderen Schriftstellern und Büchern umsehen. Der niederländische Stand befindet sich genau gegenüber dem Stand der Pakistani, die nicht gekommen sind, der freie Raum wird von anderen Muslimen zum Beten genutzt, etwas, was man auf der Frankfurter Buchmesse nicht so leicht erleben wird.

Man hat mich im wahrscheinlich teuersten Hotel Delhis untergebracht. Kein Grund zur Klage, allerdings trägt es zur Verfremdung bei, so daß jeder Schritt, den man aus dieser stillen, bewachten Enklave heraustut, den Anstrich eines heiteren oder moralischen Exerzitiums erhält. Beim Kommen und Gehen wird man von Männern in bordeauxroter Uniform und goldenem, federbuschgeschmücktem Turban mit einem Salut gegrüßt, der die Grenze zwischen der Welt drinnen und der draußen exakt markiert. Jenseits des Grußes herrscht, was in diesen ersten Tagen noch wie totales Chaos aussieht, und es gibt keine bessere Methode, sich ihm auszuliefern, als zu Fuß zu gehen oder ein Dreiradtaxi zu nehmen und jede Form von Angst von sich zu schieben. Verkehr bedeutet hier seinem Wesen nach: vorzustoßen, und zwar so weit wie möglich. Millimeterkunst, Auspuffgaskunst. Man sitzt auf einer unglaublich schmalen Bank, dem Fahrer direkt im Genick, der nur ein Ziel hat: jede Lücke zu finden, in die das Spermatozoon, das er, ich und sein Tuktuk zusammen bilden, hineinschießen kann. Was rechts und links von uns ist, existiert nicht, in dem Körper vor mir befindet sich ein geheimnisvoller Radar, mit dessen Hilfe wir im letzten Augenblick dem tödlichen Treffer entgehen werden. Durch die Hitze und die qualmenden Gase entsteht bei mir so etwas wie Ekstase. Kommunikation mit dem Fahrer ist unmöglich aufgrund der Sprache und seiner totalen Konzentration. Durch die physische Nähe seines Körpers ist man auch seinem Dasein, der Welt näher, zu der er gehört und man selbst nicht. Delhi ist groß, Stunden habe ich so verbracht, auch nachts gespenstische Fahrten durch dann viel verlassenere Straßen, wenn diese Männer sich ein Tuch oder eine Decke gegen die Kälte umgeschla-

Neu Delhi. Moschee

gen haben. Seinem Dasein näher? Ist das nicht Unsinn?
Ja, natürlich ist das Unsinn. Und doch. Nicht abgeschirmt
durch Glasscheiben und Abstand, sondern aufgenommen
in Gestank und Tumult, mit wechselnden Visionen von
Glanz und Elend, werden einem die ersten exemplarischen

Lektionen erteilt. Mogul-Grabmale und offene Kloaken, Minarette und Hütten, alles ruft und schreit einem etwas zu, Staatsmacht und Verfall, Luxus und Niedergang, während man sich krampfhaft an den dünnen Metallstangen festhält, wird man durch all dies hindurchkatapultiert. Die Elendsviertel und das majestätische, von Lutyens entworfene Ziergitter vor dem Rashtrapati Bhavan, dem Amtssitz des Präsidenten, das wahnsinnige Verkehrschaos und die eisige Ordnung der Nuklearlabore, der Vater mit dem in ein weißes Tuch gewickelten toten Kind, dem ich auf dem schmutzigen Bürgersteig begegne, und die bronzene Devi mit ihrer kodierten Fingerhaltung und den euklidischen Brüsten im Nationalmuseum, das alles ist Teil des Landes, das vor fünfzig Jahren mit einer Rede Nehrus unabhängig wurde: »We made a tryst with destiny (...).« So sieht »destiny« also ein halbes Jahrhundert später aus: nicht ein Land, sondern drei. Demokratie und Nuklearmacht, unterentwickelt und mächtig oder, wie James Cameron vor fünfundzwanzig Jahren in *An Indian Summer* schrieb: »The government pursued a constitutional policy of equality and social justice, which at the present rate would take about forty million years to achieve. (...) A third nuclear station was going up at Kalapaka in Madras, and the official Planning Commission agreed that nearly 300 million people still lived below the barest subsistence minimum. (...) The Defence budget made enormous claims on revenue, and education was actually moving *backwards*: 70 % of all Indians were still illiterate. (...) After twenty years of central planning the Health Minister admitted that there was no possible means of fixing a date when 600 000 villages would get fresh drinking-water.«

Das war vor einem Vierteljahrhundert, geschrieben von

jemandem, der das Land kannte und liebte. Und heute? Geplagt von Terrorismus in Kaschmir, ständig am Rande eines Krieges mit Pakistan, erstickt in einer alles überwuchernden Bürokratie, Opfer blutiger, von Fanatikern geschürter Glaubenszwiste, aber nach wie vor funktionierend und all diese vehementen Zentrifugalkräfte in einem unendlich trägen, schweren Körper irgendwie zusammenhaltend, der sich im Tempo eines Landes durch die Geschichte bewegt, das bereits eine vieltausendjährige Geschichte hinter sich hat und unbeeinflußt bleibt vom Kommentar des flüchtigen Außenstehenden.

Was habe ich gemacht? Ich habe jeden Tag die *Times of India* gelesen und versucht, mich in die byzantinische Komplexität der indischen Politik zu vertiefen, und ansonsten habe ich mich – Fliege in einem Kosmos – wehrlos ergeben, jemand mit zu wenig Augen, um alles aufzunehmen. Die Moguln sind längst aus Indien verschwunden, doch ihre Macht strahlt unvermindert aus ihren Palästen, Forts, Grabmalen. Im Roten Fort habe ich Zeit genug, darüber nachzudenken. Den Verkehr Delhis als Basso continuo im Hintergrund, irgendwo ein Blasorchester, das übt, schrill und schneidend, doch um einen herum ein Reservat der Stille, in dem die weit auseinander liegenden Gebäude die für immer versunkene Vergangenheit gleichzeitig wachrufen und versiegeln. Hier war es also, denkt man, hier, in der Diwan-i-Khas, stand der Pfauenthron, man muß nur die Augen schließen, um zwischen den strengen Pilastern Stimmen zu hören. Was würde man sehen, wenn man wirklich schauen dürfte? Alle äußeren Zeichen der Macht, den edelsteinbesetzten Thron, die Würdenträger in ihren wehenden Gewändern, die vergoldeten Schwerter. Von hier aus regierte Shah Jahan sein Kaiserreich, in der Diwan-i-Am hielt er seine tägliche Audienz. Das Gold, die Düfte, die Kleider der Frauen, die flehentlichen Bitten, die geflüsterten Gespräche und die geschrienen Befehle, das Wiehern der prächtigen Vollblüter, diese ganze Welt, bewahrt in den Miniaturen, der Liebeslyrik und den ausgreifenden Erzählungen, ist hier erstarrt, geblieben sind nur die Kulissen, die Moti Masjid, der Khas Mahal, eine strenge, beherrschte Wollust und Verzierungswut, Wölbungen, Filigran, Lichteinfall, Kunst, die sich kaum beschreiben läßt, die aus Maß besteht und Kalligraphie. Ein größerer Gegensatz zur Hindukunst mit ihren orgiastisch tanzenden Frauengestalten, vielarmigen Göttern, ihrer erotischen Spannung, den göttlichen Kopulationen ist nicht denkbar, diese beiden Kulturen in ein und demselben Land mußten sich aneinander reiben wie gnadenloses Schmirgelpapier, die zur Schau gestellte, exhibitionistische Wollust einerseits und andererseits eine Baukunst, die Sinnlichkeit lediglich in den Formen zuläßt, in den Kuppelwölbungen, die, wie bei der großen Moschee, der Jami Masjid, zusätzlich Relief durch die große, leere Fläche davor erhalten, durch die beiden ranken, aber mächtigen Minarette zu beiden Seiten des Säulenumgangs und den gigantischen Eingangsbogen in der Mitte. Ich steige die endlose Treppe im linken Minarett hinauf. Zwei Menschen können kaum aneinander vorbei, und es herrscht eine nahezu völlige Dunkelheit, bis wieder eine kleine Öffnung in der Mauer kommt. Mir wird schwindlig vom Drehen und Drehen, aber als ich oben angelangt bin, sehe ich zwei Welten, die der Ordnung und die des Chaos. In der Ferne das Rote Fort, wo ich vor einer Stunde noch war, der rote Sandstein scheint in der Hitze zu flimmern. Genau unter mir der große Innenhof der Moschee und auf der riesigen leeren Fläche, auf der beim Freitagsgebet an die zwanzigtausend Menschen Platz finden, wie auf einer Architekturzeichnung hier und da eine Gestalt, betend oder gehend, als wäre sie dort hingesetzt, um die Größenverhältnisse zu verdeutlichen. Und als ich mich dann auf der winzigen Plattform hier oben umdrehe, sehe ich auf der anderen Seite das mittelalterliche Labyrinth von Chandni Chowk, durch das eine wuselnde Menschenmenge strömt. Ich folge dem Flug einer Taube, die mit *einem* langen Schwenk den harten, vibrierenden Ruf des Muezzins durchkreuzt, auf dem Rand des Brunnens landet und neben einem alten Mann trinkt, der sich vor dem Gebet reinigt und, als er fertig ist, wieder und wieder verneigt. So sieht Allahs Auge die Sterblichen, wie sie sich aus der überströmenden Menge lösen, zur Moschee kommen, wo die leere Fläche des Vorhofes sie plötzlich zu einer Ausnahme macht, zu jemandem mit einem Namen, der nun niederkniet, sich tief verneigt und mit demjenigen spricht, der nie antwortet.

Ich trete den Rückweg an und schraube mich entlang aller Windungen des Minaretts abwärts. Ein paar Minuten später bin ich selbst Teil eines lebenden Brueghels und ströme zwischen Wasserverkäufern, Ohrauskratzern, Friseuren mit, steige über verstümmelte Körper hinweg, sehe, wie ein Rumpf sich über den schmutzigen Asphalt voranwälzt. Überall um mich herum die Apotheose der Waren: Tongeschirr, Zinkschüsseln, Schornsteine, Auspuffe, Papierstapel, Steckdosen, Computer – alles hat seinen eigenen Platz in diesem Labyrinth. Ich weiß schon längst nicht mehr, wo ich bin, die Läden ähneln höhlenartigen Kämmerchen, bei denen man nie weiß, was dahinter liegt.

Die Namen sind ein Gedicht, Venus Hand Tools, The Imperial Stationery Mart, Bengal PaperMill Cy., Shree Mahavir Book Depot, Ramesh Publishing House, Kundan Switches, Chetan Sarees, der Lärm ist unbeschreiblich, Klingeln, Rufen, Fahrradrikschas zwingen sich durch alles hindurch, sechs uniformierte Schulmädchen hinter einem verzweifelt tretenden Fahrer, Esel, eine stocksteif stehende Kuh, der alle ausweichen, Männer mit ausladenden Körben auf dem Kopf, Frauen in Ocker und Violett, Pandämonium, Glanz, Durcheinander, Bewegung – dem zu entrinnen ist nicht möglich, es ist, als dringe die gesamte Menschheit auf einen ein, man sieht ein Gesicht, man sieht tausend Gesichter, wird fast überfahren von einem Motorroller, beladen mit Lotus Computer Paper, man ist ein eigenartiges Atom, das in einem unermeßlichen Strudel hierhin und dorthin geschubst wird, Augen heften sich für einen Moment an dich, eine Hand berührt dich, jemand sagt etwas oder lacht oder bettelt, dies ist die Dritte Welt, in der deine Erste eine blasse Abstraktion ist, die irgendwann von alldem überflutet werden wird, allein durch das träge, unendlich geduldige Gesetz der Zahlen. Als ich nicht mehr kann, lasse ich mich zum Roten Fort zurückradeln. Noch einmal will ich in dieser Stille stehen, in der Vergangenheit, in der niemand etwas sagt und die Phantasie freies Spiel hat. Kühler ist es jetzt, die Bäume mit den langen, spitzen Blättern bewegen sich sacht, Sandalenschlurfen, roter Staub auf den Sandsteinböden, der Marmorthron hinter Maschendraht, niemand mehr da, den Klagen und Petitionen zu lauschen. Ich höre den Klang eines Muschelhorns und weiß nicht, woher er kommt. Zwei Männer Hand in Hand, der Singsang ihrer Worte ein Rezitativ, das mich ausschließt, eine Frau in karmesinrotem

92

Sari mit langem, schwarzglänzendem Zopf steht unbeweglich da, als warte sie auf etwas, ihr totenstiller Schatten rechts neben ihr auf dem Gartenweg. Schauen ist alles, was ich kann, alles, was ich lese, stürzt mich in noch größere Verwirrung. Die Zeitungen sind voller Berichte vom Konflikt mit Pakistan, von einem Tempel, der gebaut werden soll oder nicht, von Hindutva, dem neuen Hindunationalismus, von Kaschmir. In dem Buch von Cameron lese ich von der »Partition«, der Teilung des Subkontinents in Indien und Pakistan, vom Erbe des Kolonialsystems, bei Octavio Paz über die Religionen in diesem säkularen Staat, dann und wann schimmert darin ein Hauch von Bedeutung, aber ich weiß nicht, wie ich das, was ich lese, mit der überwältigenden Wirklichkeit verbinden soll, die ich um mich herum sehe, sie ist zu mächtig, zu groß, zu alt. Es scheint, als seien es gerade die Gegensätze, die alles in Balance halten, doch ob es wirklich so ist, weiß ich nicht. Jahre bräuchte man für jede der Welten, die hier zusammen die Welt sind, jede mit ihrer eigenen, mit der der anderen zusammenprallenden Geschichte, vielleicht ist es ein Wunder, daß es überhaupt funktioniert.

Im Nationalmuseum streife ich durch die Jahrhunderte, als könnte ich auf Wasser gehen, wenn ich mich nicht an die Reihenfolge der Säle und Epochen halte, werde ich zu meinem eigenen fortwährenden Anachronismus, buddhistische Skulpturen, persische Miniaturen, ein Vishnu, Stein, königlich, streng, mächtig, aus dem fünften Jahrhundert, bronzene Tänzerinnen mit Brüsten wie Kugeln, kufische Handschriften, als ich später meine Aufzeichnungen lese, wird mir erneut schwindlig: Bronze, Elfenbein, Alabaster, Granit, alles mit seiner einzigartigen, über das menschliche Dasein hinausweisenden Bedeutung, die Ma-

93

nifestationen von Göttern, deren Namen ich nicht einmal kenne, Figuren, bei denen jede Handhaltung, jede Fingerbewegung anders benannt wird und eine andere Bedeutung hat, Kunst, die den Außenstehenden, verirrt zwischen der Religion dieses Einen, ach so Strengen mit dem arabischen Namen und jener anderen mit dem überdrehten Pantheon, anlockt und ausschließt: Tigerreiterinnen und Schnabelgestalten, Erhalter und Zerstörer, gekrönte Elefanten und Affenmenschen, jeweils mit seinem oder ihrem eigenen *vahana*, Eule, Schlange oder Schwan, der eine die soundsovielte Reinkarnation des anderen, eine schwirrende, mit Kronen, Tiaren und Juwelen geschmückte Götterwelt, im Vergleich zu der der Olymp von einer vernunftbetonten Gesellschaft bevölkert wird.

Meine Aufzeichnungen aus diesen Tagen können nichts miteinander versöhnen, sie zählen nur auf, das englische Echo des Connaught Place, ein tropisches, verfallenes London mit hohen weißen Säulen in einem vollkommenen Kreis, ein entfernter, leicht heruntergekommener Verwandter. Ein kleiner Junge schmeißt mir einen Batzen diarrhöfarbenen Dreck auf den Schuh und will ihn daraufhin putzen, weil er so schmutzig ist. Selber schuld, hätte eben nicht auf die riesengroßen, wild gemalten Filmplakate einer neuen Bollywoodproduktion starren sollen. Ich würde gern mit dem Zug reisen, da das aber nicht geht, stehe ich auf der hohen Überführung, die all die Linien überspannt, und schaue auf das Leben zwischen den Gleisen, am Boden kauernde, redende, liegende, essende Menschen. Die Schienen verflechten sich ineinander, lange Züge brechen zu Tage dauernden Reisen in alle Richtungen dieses Kontinents auf, ich höre in der Ferne die Stimmen

94

Benares

von Lautsprechern und würde gern mitfahren, mich wie ein Mensch des neunzehnten Jahrhunderts dem Tempo dieses Landes anheimgeben, aber das geht nicht, ich will nach Benares, in die Stadt des Ganges und der Toten, und in der mir zugemessenen Zeit ist das nur auf dem Luftweg möglich. Jemand hat mir den Namen eines kleinen Hotels am Ganges genannt, aber es ist voll. »No place, Sir«, sagt der bordeauxrote Portier meines Hotels in Delhi. »But if you want, I can find another place for you, on the river.« Er nennt den Preis. Aber das ist ja genauso viel, wie ein Glas Wein in diesem Hotel kostet, sage ich. »Yes, Sir, but it is o. k. It is a Muslim hotel, vegetarian, and no alcohol.« So ist es. In dem Hotel, das soviel kostet wie ein Glas Wein, bekommt man keinen Wein. Es ist karg, rudimentär, streng. Der Mann, der mich erwartet, hat sich eine Dek-ke gegen die Kälte umgeschlagen, er heißt Abdullah und ist nicht gesprächig. Das Zimmer ähnelt einer Klosterzel-le. Kein Telefon, kein Fernseher, Steinfußboden, ein har-tes Bett, aber draußen eine Galerie, von der aus man auf den Fluß schauen kann und auf die leere braune, majestätische Landschaft dahinter. Ich wohne am Assi Ghat, dem meinem Gefühl nach südlichsten der über achtzig Ghats von Benares, weil es auf meiner Karte das unterste ist, auf der linken Seite des Flusses. Der Pfeil im Fluß zeigt jedoch nach oben, und das kann niemals der Norden sein, denn der Ganges entspringt im Himalaja. Alles ist also umgekehrt, das Assi Ghat ist das nördlichste und liegt auf der Ostseite des Flusses. Für einen gläubigen Hindu sind diese Überlegungen wahrscheinlich ohne Bedeutung. Für ihn zählt eine andere Geschichte. Einst, in jenem hinreißenden, unbestimmten Einst, in dem die großen Geschichten entstehen, lebte ein König namens Bhagirath. Seine Vorfahren hatten die Unvorsichtigkeit begangen, den weltabgewandten, weisen Kapila in seiner tiefen Meditation zu stören, woraufhin dieser so wütend geworden war, daß er sie durch seinen rasenden Blick zu Asche versengt hatte. Was muß ich tun, um ihnen zu helfen? fragt der König den Gott Brahma. Das Wasser des Himmelsflusses ist die einzige Lösung. Wenn die in der Unterwelt gefangenen Seelen seiner Vorfahren darin untergetaucht werden, sind sie gereinigt und gerettet. Doch wenn der Fluß direkt vom Himmel auf die Erde strömt, gehen sie unter. Hier kann nur die Göttin Ganga helfen, aber wie soll sie das tun, ohne gleich die Erde zu ertränken? Daher ruft Bhagirath Shiva zu Hilfe, den freundlichen Gott des Himalaja, der das mächtig herabdonnernde Wasser mit seinem Kopf auffangen soll, wonach es langsam durch die dichten Wälder seiner Locken herabströmen wird. Nun, da ich dies lese, erkenne ich auch meinen Irrtum. Die merkwürdige Biegung, die der Fluß macht, als wolle er nach Norden fließen, ist Täuschung, es scheint nur so, weil Gan-

ga, als sie die wundersam schöne Stadt Benares sah, ihren Weg nicht fortsetzen wollte und fast zurückgekehrt wäre. Nur der sanfte Zwang des Königs konnte die Göttin davon abbringen, und so liegt die Stadt nun an ihren Ufern, und seit jener Zeit kommen die Hindus zu Millionen hierher, um zu beten, um sich zu reinigen, um zu sterben und an den Ufern dieses Flusses verbrannt zu werden. Einen ersten Eindruck davon habe ich gewonnen, als das Taxi sich einen Weg durch die Menschenmenge zu bahnen versuchte. Nun, da es ruhiger geworden ist, sitze ich auf der Dachterrasse meines Hotels. Ghat bedeutet Anlegestelle, bezeichnet aber auch die Treppen, die von den steilen Ufern zum Wasser hinunterführen, sowie die hohen Gebäude dahinter. Ich habe mit Abdullah vereinbart, daß ein Ruderer mich morgen früh bei Sonnenaufgang an allen Ghats entlangrudern wird; jetzt bleibe ich hier oben im Halbdunkel, blicke auf die fernen Lichter, die langsamen Boote auf dem Fluß, den Mann, der seine Wasserbüffel zusammentreibt, und lausche dem unaufhörlichen Gesang,

Gebet, der Litanei, die aus einem kleinen Gebäude links neben dem Hotel kommt. Die Laute kreisen, steigen und fallen, ein Gespräch mit höheren Mächten ohne Kommas und Punkte, ich hoffe, sie verstehen es da oben. Dies ist es also, tiefes, schweigendes Wasser, immer massiver werdende Dunkelheit, eine unverständliche, mich einspinnende eindringliche Stimme. Ich weiß, daß ein Stück entfernt an den Ufern alles mögliche geschieht, aber ich bin noch nicht bereit, zuviel Flugzeug hängt noch an mir, ich sehe Lichter sich in der Ferne bewegen, es müssen Prozessionen sein, höre fernen Gesang über die eine gebieterische Stimme hinweg, doch dies ist nicht mein Augenblick, erst schlafen, die andere Großstadt von mir abschütteln, den Flug, die lange Fahrt durch das Land, den Fahrer, der die Hand ständig auf der Hupe hielt, Eseln und Radlern wild ausweichend, auf andere frontal zusteuernd und dann heftig bremsend, Aggression, die so unvereinbar scheint mit der trägen, öligen Art zu gehen nach Verlassen des Autos.

Ich muß nicht geweckt werden, die Stimme ist bereits da. Sie hat in meinem Schlaf begonnen, als gehörte sie noch dazu, doch dann kommt auch das Klopfen an der Tür, ein heißer Tee, der eilige Gang hinunter zum schlammigen Landungsplatz, wo das schmale, lange Boot schon bereitliegt. Gräue, Morgendämmerung, Kühle, auch dieser Mann hat sich eine Decke umgeschlagen. Langsam beginnt er zu rudern. Englisch spricht er nicht, also lachen wir uns nur an. Alles, was ich jetzt sehen werde, habe ich bereits einmal gesehen, die Tempel, die zum Fluß hinunterführenden Treppen, die Menschen auf diesen Treppen und im Wasser, Tausende und Abertausende. Aber ich habe es in einem Film gesehen, Bilder, die mich hierhergezogen haben, und dennoch, nichts hat mich auf den

98

Benares

Schock des Echten vorbereitet, auf meine Sprachlosigkeit. Wenn das Boot nicht etwa vierzig Meter Abstand hielte vom Ufer, ich wäre dem nicht gewachsen, würde glauben, verschlungen zu werden. Die hohen Gebäude, die an den steilen Uferhängen, die ausladenden Bäume dahinter, das geht noch. Ich sehe die fremdartigen, aufwärtsdrängenden, kugelförmigen Auswüchse an den Türmen, ich sehe Kuppeln und Stupas, Terrassen, Balkone, tote Fenster,

Plattformen, Freitreppen, und es scheint, als lebe alles durch die sich bewegende Menge darunter, sich verneigend, kauernd, badend im kalten Wasser, in sich wirbelnd, nackte Männeroberkörper, die grellen Farben der Saris, ein Leuchten von Rot und Gold. Am Ufer flüchtige Gebilde, Sonnenschirme aus Schilf, und später, als wir weiter sind auf unserer langsamen, langen Fahrt, die Holzstapel, die Scheiterhaufen, die Leichen in ihrem Silber und Gold, die Rauchschwaden, die Feuer, die Hunde, die Aschefeger, Wasserträger, Priester. Eine heilige Verzückung liegt über diesen Menschen, aus ganz Indien sind sie gekommen, um in diesem Wasser zu baden, um in ihm unterzutauchen, zwischen den Tausenden von Gesichtern sehe ich einzelne, in sich gekehrt, in völliger Konzentration, betend, ekstatisch, wie fühlt sich jemand, der ein Bad nimmt im Göttlichen, der hofft, dereinst hierher zurückzukehren, um an diesem Ort zu sterben, um hier, an diesen Ufern, verbrannt zu werden, als Asche in diesem Wasser zu verschwinden und sich aufzulösen, selbst Wasser und Fluß zu werden und davonzuströmen in das nächste, der Erkenntnis nicht zugängliche Leben? Nacheinander nennt der Ruderer die Namen der Ghats, Shivala Ghat, Hanuman Ghat, Kedar Ghat, Rana Ghat, Dasaswamedh Ghat, ich werde denselben Weg später an diesem Tag noch einmal zu Fuß machen, viel zu sichtbar zwischen all den anderen, verfolgt vom Lockruf *boat, boat, Sah, boat,* verloren inmitten der Klänge von Tablas und Schellen, von Gesang und Zeremonien, inmitten von Weihrauch und Brandgeruch, Schlamm und Gold, heiligen Männern mit bemalten Gesichtern und Göttern, die ich nicht kenne. Abends kehre ich zu der Stimme und der frühen Dunkelheit zurück, zu den kleinen Lichtern auf dem Fluß und dem fernen Schlagschatten des anderen Ufers, zum schweigsamen Abdullah und zu den Mahlzeiten aus *shaheer paneer, aloo paratha* und *butter naan* hoch oben auf der stillen Dachterrasse zwischen den sanften Stimmen und der Sprache, die ich nicht verstehe. Ich lese über den Ort, an dem ich gerade bin, Worte übersetzen die sichtbare Welt, die jetzt so nah ist und fern bleiben muß. An einem der Ghats habe ich Amerikaner und andere Abendländler in den Kleidern gesehen, die nicht zu uns passen. Meist haben wir nur ein Leben, und wer sich in ein anderes verkleidet, tut das in der Regel aus Verzweiflung, aus Unzufriedenheit mit den Beschränkungen von Ort und Zeit.

Einst, vor einer Ewigkeit, fuhr ich von den Niederlanden per Anhalter nach Süden. Ein umwerfender Zweisitzer einer esoterischen englischen Marke hatte ziemlich abrupt angehalten, und ein Mann, der aussah, wie Gustave Doré sich Don Quijote vorgestellt hat, fragte, wohin ich wolle. Ich erinnere mich noch an das Buch, das er hintendrin liegen hatte: *Gog* von Giovanni Papini, noch besser erinnere ich mich aber an die exemplarische Lektion, die ich während der kurzen Fahrt erhielt: Denk dran, wohin du auch kommst auf deiner Reise, du wirst immer auf dem Stuhl eines anderen sitzen. Ich bin deswegen nicht weniger gereist, aber vergessen habe ich es auch nicht. Die Welt gehört anderen, du darfst sie dir ansehen, um sie besser zu verstehen – oder um dich selbst besser zu verstehen –, aber du kannst diese Welt nicht werden, das konnte Robert Louis Stevenson auf Samoa nicht und Charles de Foucauld nicht in der Sahara, wenngleich einige dem nahekommen mögen.

Ich werde es nicht versuchen. Eine Tika (runder Punkt aus farbigem Pulver) auf meiner Stirn würde mich doppelt sichtbar machen, der Bart eines Sadhu (Weisen) bedeutet an weißen Gesichtern etwas anderes, ich trinke meinen Ingwertee auf der stillen Terrasse und schule mich in der Ikonographie, die ich morgen wieder an den Ghats sehen werde: Die drei waagrechten Streifen auf der Stirn deuten auf einen Anhänger Shivas, sind sie vertikal, ist es ein Anhänger Vishnus. Shiva, der Zerstörer, ohne den Wiedergeburt nicht stattfinden könnte. Ich sehe ihn mit fünf Köpfen, mit einem Dreizack wie ein entfernter Vetter Poseidons. Der andere, Vishnu, ist der Retter der Menschheit, er sitzt auf einer zusammengerollten Schlange und hält ein Muschelhorn und einen Diskus in den Händen, und wenn er ausgeht, reitet er auf Garuda, dem Vogelmann, halb Adler, halb Mensch. Einst war er Rama, Krishna und Gautama Buddha, ich sehe ihn in all diesen Erscheinungsformen, auf Mauern gemalt oder auf billigen Plakaten in kleinen Läden und Kiosken, zusammen mit all den anderen Göttern, deren Namen ich nicht kenne, ein in Grundfarben ausgeführtes Pantheon samt allen dazugehörigen Tieren und Halbtieren. Machtlos bin ich gegenüber diesen Bedeutungen, Darstellungen und Symbolen, die sich mir andienen, und vielleicht bin ich sogar erleichtert, als ich beim großen Tempel in einer der labyrinthischen Gassen freundlich gebeten werde weiterzugehen. *Not for European gentlemen*, so etwas höre ich und blicke im Halbdunkel in ein verschlossenes Gesicht. Ich rieche Weihrauch, sehe Blumen, doch die Gebärde ist deutlich, ich soll weitergehen, dies ist nicht meine Welt, auch nicht für mich bestimmt, und irgendwie betrifft das alles, was ich um mich herum sehe – einen roten Elefanten, behängt mit bereits verwelkenden Girlanden, eine Göttin mit schwarzer Maske, alles mit seiner eigenen Deutung, die gleichzeitig eine Verweigerung ist: Du darfst es sehen, aber nicht sein. Du kannst atmen, sprechen und denken, dein Körper gleicht all den Körpern ringsum, doch die Distanz ist unüberbrückbar, und wenn ich das als Niederlage empfinde, ist es nicht meine, sondern die meiner Gattung, uns trennt eine unverdauliche Menge Geschichte, Herkunft, Sprache, Ritual. Aber es ist keine Niederlage, sondern der Segen des Unterschieds, weil dadurch die Illusion der eigenen Selbstverständlichkeit zerstört wird. Es wäre lächerlich, es anders zu wollen, Film und Fernsehen haben uns so nahe an andere Welten herangebracht, daß wir glauben, ein Recht darauf zu haben, glauben, wir könnten unsere eigene geographische und zeitliche Zufälligkeit vergessen oder leugnen. Die Welt um mich herum wirkt auf mich so alt wie Babylon auf Christus, läßt man mal den leuchtenden grauen Schimmer von Computerbildschirmen in einigen dieser höhlenartigen kleinen Läden außer Betracht. Doch darin besteht gerade die Täuschung, eine gegenwärtige und nicht gegenwärtige Welt, das Wissen um die großen Geschichten, in denen die anderen lebten oder noch leben, und dazwischen deine eigene geschichtenlose Flüchtigkeit, umringt von Hunderten von Göttern, aber ohne Gott, bedrängt von unzähligen Zeichen, aber ohne Zeichen, ohne Mythos. Die Rolle des Zuschauers hat etwas Demütigendes, weil man, gerade dadurch, daß man etwas sieht, mit solcher Macht davon getrennt wird. Dies ungefähr, glaube ich, waren meine Gedanken, als ich in einer schmalen Gasse, kaum drei Menschen breit, plötzlich von einem menschlichen Wirbelwind zur Seite gestoßen wurde. Hier kam ein Toter vorbei, der es schrecklich eilig hatte. Jemand hatte sein Ziel erreicht und war an den Ufern des Ganges gestorben, jetzt wollte er oder sie nur noch verbrannt werden, sich in Asche verwandeln, die mit dem Wasser davonströmen würde, wollte unsichtbar sein, nicht von all dem anderen Wasser zu unterscheiden, aufgelöst, verschwunden. Die leichte Bahre wurde von vier Männern getragen, die rannten, als sei der Tod ihnen auf den Fersen. Damals hörte ich nur *ram, ram* aus diesen rennenden, atemlosen Kehlen, inzwischen weiß ich, daß sie *Ram nam satya hai* riefen, immer wieder, *Ram nam*, bis sie um die Ecke verschwunden waren. Doch zu diesem Zeitpunkt hatte ich die Verfolgung bereits aufgenommen, ich wußte, daß sie zu dem Verbrennungsplatz wollten, den ich von der Stadtseite aus nicht hatte finden können. Weit vor mir schaukelte der Leichnam unter seinem rotgolden leuchtenden Tuch. Die Männer waren gnadenlos, alle mußten beiseite springen, sofort hinter der kleinen Prozession schloß sich die Menge wieder, wenn sie um eine Ecke gebogen waren, mußte ich mich nach dem *Ram nam satya hai* orientieren, aber ich war nur ein Lebender, konnte mit dem Tod nicht Schritt halten, irgendwo zwischen all den Tausenden war dieser eine verschwunden, vielleicht gehörte es sich auch nicht, so hinter einem Toten herzurennen.

Was dann geschah, glich mehr einem Traum als etwas anderem. Ich war in die Richtung gegangen, in der ich die Männer vermutete, sah sie aber nirgends mehr. Plötzlich, als könnte ein Haus eine Hand haben, umklammerte eine mein Handgelenk. Ich sehe den Augenblick klar vor mir, wie in einem vergrößerten Traumbild. Rechts von mir der im Dämmer gelbliche, braune Schatten des Hauses, die Hand, die mein Handgelenk festhält und langsam hineinzieht. In dem, was die dazugehörige Stimme sagt, erkenne ich lediglich das Wort Sah. Die Stimme will mir etwas zeigen, ich muß mit nach oben. Eine Treppe, die sich sacht hinaufwindet, eine Galerie, noch eine Treppe. Es ist nicht wirklich hoch, doch wegen der Dunkelheit geht es langsam. Ich sehe kleine rotglühende Lichtflecke, spüre Anwesenheit, durch die ich hindurchgehe, verstehe es nicht, habe aber auch keine Angst. Der sanfte Zwang der Hand führt mich zu einer Balustrade, und dann sehe ich es, den Fluß, kleine Feuer die mit der Strömung auf dem Wasser treiben, Lichtpünktchen, und unter mir größere Feuer, und darauf Leichname, weißgekleidete Männer, die sich um sie herumbewegen, Rauch, hoch aufglühende Asche. Die Tücher, die über den Leichnamen liegen, haben Feuer gefaßt, die Männer, die dort zugange sind, tun, was man tut, wenn man ein Feuer anfacht, die Glut anblasen, das Holz richtig aufschichten, manchmal scheint es, als bewegten sich die Leichname etwas, als legten sie sich anders hin, richteten sich ein wenig auf, ich beobachte es durch den menschlichen Rauch, sehe den Fluß breit und still dahinter, die Dunkelheit des leeren Landes am anderen Ufer, und auch hier drinnen müssen sich meine Augen an das Dunkel gewöhnen, bis ich erkenne, daß das rotglühende Licht, das ich beim Hinaufkommen gesehen habe, kleine Häufchen glühender Asche sind, neben denen Menschen liegen. Gesichter erkenne ich nicht, Formen, die schon fast denen der Toten gleichen, die ich gerade gesehen habe. Sie liegen auf dem Steinboden, wie viele es sind, weiß ich nicht, die Hand hat mich bereits zu einem offenen Innenhof weitergezogen, wo es heller ist, nun sehe ich auch den Totenwächter, der mich ins Haus gezogen hat, und was er will, wird ebenfalls deutlich, Geld fürs Holz, und da liegt es, große Stapel von Stämmen und Ästen in allen Größen und Formen um eine riesige primitive Waage, neben der ein Riese steht, der all dies Holz auf einmal aufheben könnte. Jetzt wird alles erklärt: Die Menschen, die drinnen auf dem Boden liegen, sind nach Benares gekommen, um zu sterben und da draußen, vor dem Haus, verbrannt zu werden, dies ist ihr letztes Ziel, ihr letzter Wunsch. Sie sind arm, sie haben kein Geld, nicht einmal Geld, um das Holz für ihren Scheiterhaufen zu bezahlen. Für wieviel Rupien ich Holz schenken wolle? Ich nenne einen Betrag, auf die eine Waagschale wird das Holz gestapelt, auf die andere kommen große, schwarze Eisengewichte, an den Augen des Aufstaplers sehe ich, daß es eine ganz ordentliche Menge ist. Ich wage nicht zu fragen, ob es für einen Leichnam reicht, verspüre aber eine merkwürdige Art von Zufriedenheit. Durch diese Transaktion bin ich kurzzeitig mit allem verbunden, was hier geschieht, eine Sekunde lang kein Zuschauer, der Holzstapel verbindet mich mit dem Wunsch eines der Sterbenden da drinnen, und damit einher geht nicht das Gefühl, etwas für jemanden getan zu haben, sondern umgekehrt, daß jemand etwas für mich getan hat.

Unsinn oder Illusion, ich weiß es nicht, aber das Holz ist echt, und das Feuer wird echt sein, auch wenn ich es nicht sehen werde, und so, meiner Sache nicht sicher, aber doch anders, als ich das Haus betrat, gehe ich die Treppe wieder hinunter und verliere mich in dem Labyrinth, bis ein Dreiradgefährt kommt, mich mitnimmt und klingelnd und rufend durch die Menschenmenge zu Abdullah zurückbringt. Er steht schweigsam am Eingang wie beim erstenmal. Ich will ihm erzählen von dem, was mir passiert ist, und tue es dann doch nicht. Muslime verbrennen ihre Toten nicht, und wahrscheinlich würde er denken, ich hätte mich übers Ohr hauen lassen, und, wer weiß, vielleicht ist es auch so. Nur, es ist mir egal, ich bewahre mir das Bild dieser liegenden Gestalten, des brennenden Holzstapels, der Asche, die im Wasser zwischen den kleinen schwimmenden Öllämpchen davontreibt, die anzeigen, wie schnell dieser Fluß fließt, der hier schon Tausende von Jahren vorbeizieht wie eine träge Uhr, die keine Zeit anzeigt, sondern nur deren Verrinnen. Die Stimme unten ist verstummt, ich sehe noch Licht auf einem Boot, das am anderen Ufer entlangfährt, und dann wird alles still und dunkel über dem schmutzigen, heiligen Wasser, in dem sich morgen Tausende wieder baden werden, singend, betend, trinkend, Wasser, in dem sie dereinst davonzutreiben hoffen wie Millionen vor ihnen, Asche ohne Namen, losgelöst von allem, erlöst aus dem Kreislauf von Tod und Geburt. Der Gott des Todes hat keinen Zutritt in Benares, wer hier stirbt, hört im Augenblick seines Dahinscheidens, wie ihm Shiva leise das Mantra des Großen Übergangs ins Ohr flüstert, das Taraka-Mantra. Als ich beim weißen Licht in meinem steinernen Kämmerchen lese, sehe ich zum erstenmal die Worte übersetzt, die ich an diesem Abend habe rufen hören. *Ram nam satya hai.* Wahrheit ist Gott, Gott ist Wahrheit. Jetzt sehe ich auch, wo ich war: am Manikarnika Ghat. Das dazugehörige Foto ist bei Tageslicht aufgenommen, die Tücher über den Leichen sind aus Goldbrokat. Vor dem Ufer treiben Blumengirlanden. Ich zähle sieben Tote. Sie liegen auf Stapeln aus dicken Stämmen, auf ihre Körper werden schmalere Äste gelegt. Daneben erloschene Holzstapel, das Holz grau angelaufen und verkohlt. Ein Schiff mit Holz verschiedener Sorten liegt dicht am Ufer, Lebende stehen und sitzen überall um die Feuer und auf den Treppen des Ghats. *Doms* heißen die Unberührbaren, die dort das Regiment

Holz für die Leichenverbrennung

führen. Sie verkaufen das Holz und bekommen Geld für jeden Toten, den sie verbrennen. Auf dem nächsten Foto sehe ich zwei kleine Jungen, die sich nach einem Mann umsehen, der auf einer der Treppen kauert. Er hockt da, die Hände vor der Stirn gefaltet, und schaut in die Kamera, doch seinen Gesichtsausdruck kann ich nicht erkennen. Zu seinen Füßen liegt ein Toter, in ein goldglänzendes Tuch gewickelt. Daneben steht noch ein kleiner Junge an einem Dutzend senkrecht stehender Äste, Anmachholz. Ein paar Stufen darüber ein anderer Mann, auch er hockend, ein schwarzes Tuch um den Kopf gewunden, neben ihm eine Leiche in einem grellroten Tuch, mit Strikken verschnürt. Der Tod ist diesen Kindern sehr nah, doch sie haben ihn schon öfter gesehen, er ist kein Schrecken mehr für sie. Als ich das Licht lösche, verstummt auch das Summen, das zu Neonröhren gehört. Jetzt ist alles wirklich sehr still. Nichts bewegt sich, oder wenigstens scheint es so. Feuer, das weit weg ist, kann man nicht hören, doch in meiner Vorstellung kann ich es sehen, das ewige Feuer, das von den *doms* bewacht wird und nie ausgehen darf, weil alle Scheiterhaufen damit entzündet werden.

Der Tod in Benares ist aus Feuer und Wasser.

2003

3

Broome 1942

*Ein niederländisches
Kriegsdrama*

Es ist der 3. März 1942. In Broome, einem kleinen Ort im tropischen Nordwesten Australiens, schläft noch alles. Seit einiger Zeit herrscht hier ungewöhnlich viel Betrieb. Die Japaner sind in Niederländisch-Indien gelandet, und so hat man einen großangelegten Exodus niederländischer Staatsangehöriger à la Dünkirchen organisiert, um sie mit allem, was noch fliegen kann, die tausend Kilometer von Cilacap auf Java bis zu diesem nördlichen Punkt Australiens zu bringen. Die Route führt über die Timorsee. Timor selbst ist schon von den Japanern besetzt, die in Kupang für das 3. Marinefliegergeschwader der Kaiserlich Japanischen Flotte einen Luft- und Marinestützpunkt angelegt haben. Achttausend Niederländer sind auf diese Weise bereits von Bandung, Tulungagung und Cilacap nach Broome ausgeflogen worden, der Zwischenstation auf dem Weg nach Sydney oder Perth und in die Sicherheit Australiens, die allerdings nicht uneingeschränkt ist, da man auch dort eine japanische Invasion erwartet.

Während Broome schläft, bereiten japanische Piloten ihren Überraschungsangriff vor. Am 2. März hatte eine Mitsubishi einen Aufklärungsflug über die nahe gelegene Roebuck Bay unternommen. Er war nicht unbemerkt geblieben. Eine DC-3 der Königlich Niederländisch-Indischen Luftfahrtgesellschaft (KNILM), die am selben Tag in Broome eintraf, hatte jemanden an Bord, der aufgrund früherer Erfahrungen auf Java davon überzeugt war, daß nun sehr bald ein japanischer Angriff erfolgen würde, und daher versucht hatte, die Flugsicherung zu warnen. Immer die gleiche Geschichte: Dem Überbringer der schlechten

Eine japanische Zero des Typs, der den Angriff auf Broome flog

Leutnant Zenziro Miyano, der japanische Kommandant

Nachricht wurde nicht geglaubt, die Flugsicherung wußte es besser, die Entfernung sei zu groß, das würden die Japaner nie schaffen. Eine fatale Fehleinschätzung, hatte das japanische Aufklärungsflugzeug doch acht große Maschinen der Alliierten auf dem kleinen Rollfeld ausgemacht und außerdem drei Wasserflugzeuge in der Bucht. Grund genug für den Befehlshaber in Kupang, Takeo Shibata, ein Geschwader unter dem Kommando von Leutnant Zenziro Miyano dorthin zu entsenden, mit dem Auftrag, die feindlichen Maschinen zu zerstören. Was die Japaner zu diesem Zeitpunkt nicht wissen konnten, war, daß nachts, am späten Abend des 2. und am frühen Morgen des 3. März, noch etliche Flugzeuge hinzukommen sollten, eine halbe alliierte Luftflotte. Nicht weniger als fünfzehn Wasserflugzeuge lagen schließlich in der Bucht, darunter neun der Königlich-Niederländischen Marineflieger, fünf Dorniers und vier Catalinas, dazu auf dem kleinen Rollfeld sieben Bomber und Transportmaschinen der amerikanischen und der australischen Luftwaffe sowie eine DC-3 der KNILM.

Um fünf nach sieben starteten die Japaner in Kupang, neun Jäger vom Typ Mitsubishi A6M2 »Zero« und ein Aufklärungsflugzeug vom Typ C5M2, genannt »Babs«. Sie erreichten Broome um halb zehn und griffen sofort an, und zwar nicht drei, sondern fünfzehn Wasserflugzeuge in der Bucht, teilweise noch mit den Flüchtlingen an Bord, da sie gerade erst aus Java eingetroffen waren und es in Broome nicht genügend Unterkünfte gab. Die ersten drei Zeros überflogen die Bucht im Tiefflug, weitere drei nahmen das Rollfeld unter Beschuß und alles, was sich darauf befand. Die restlichen Zeros, die die anderen gegen eventuelle feindliche Jagdflugzeuge decken sollten, konnten sich ebenfalls an der Bombardierung beteiligen, denn es gab keine Jäger, die in der Lage gewesen wären, die Flugbasis zu verteidigen. Die Überraschung hätte nicht größer sein können. Über den Gefechten kreiste das Babs-Aufklärungsflugzeug, das die Operation leitete. Die Wasserflugzeuge lagen hilflos in der Bucht, die Jäger stürzten sich auf diese leichte Beute, die Menschen an Bord kamen nicht mehr rechtzeitig heraus, die dreimotorigen Dorniers gerieten in Brand oder sanken. Noch bevor die Zeros zum Sturzflug ansetzten, hatten sie ihre Treibstofftanks abgeworfen, die viele fälschlicherweise für Bomben hielten. Zwar hatte der japanische Kommandant den Befehl gegeben, lediglich militärische Ziele anzugreifen, doch daß sich auf den Dorniers und Catalinas auch Frauen und Kinder befanden, konnten die Japaner natürlich nicht wissen. Auf dem kleinen Rollfeld gelang einigen alliierten Maschinen noch der Start, doch sie wurden sofort von einer der Zeros angegriffen. Eine der amerikanischen Liberators wurde von Stabsfeldwebel Osamu Kudo abgeschossen und stürzte in der Nähe der Cable Beach ab, wobei fast alle der dreiunddreißig Insassen ums Leben kamen. Eine der Maschinen auf dem Rollfeld, eine Lockheed Hudson der australischen Luftwaffe, war im Begriff zu starten gewesen, stand aber noch auf der Piste, da der Pilot die Navigationskarten und Codes vergessen hatte. Er rannte los, um beides zu holen, doch in diesem Moment sahen die drei Männer, wie Kudos Zero die Liberator verfolgte, und sie wußten, ein Start hatte keinen Sinn mehr, sie würden keine Sekunde überleben. Im Zickzack rannten sie davon und sahen aus der Ferne, wie sich ihre Maschine in ein Flammenmeer verwandelte. Den anderen Flugzeugen erging es nicht besser, fünfzehn Maschinen wurden auf dem Rollfeld und in der Bucht zerstört, von den an Bord Befindlichen überlebte kaum einer. Auf dem Soldatenfriedhof Karrakatta in Perth liegen die Gräber mit ihren Namen. Sie waren den japanischen Lagern entkommen, starben nun aber fern ihres von den Deutschen besetzten Landes, ohne es noch ein-

Sergeant Osamu Kudo, der einzige japanische Tote.
Leutnant »Gus« Winckel schoß eine Zero ab

Gefallenenfriedhof in Broome

mal wiedergesehen zu haben. Einer, der sich in der Bucht befand, Unteroffizier H. M. Jutta, erzählte später, wie er aus der engen Catalina ins Freie gekrochen war und zusammen mit seiner Frau und seinem kleinen Sohn von der Tragfläche aus die fremde Umgebung betrachtete, als er plötzlich mehrere Flugzeuge näher kommen sah. Zunächst hielt er sie noch für australische Maschinen, wurde aber eines Besseren belehrt, als die Bombardierung begann. Er stieß Frau und Kind ins Wasser und sprang ihnen nach, und so erreichten sie, soweit wie möglich unter Wasser schwimmend, die Küste. Die meisten anderen hatten weniger Glück, sie landeten tot oder verwundet im Wasser oder wurden von Haien zerfetzt. Insgesamt starben ungefähr hundert Menschen, die exakte Zahl wurde nie ermittelt. Die Liste der niederländischen Opfer reicht von Albinus bis Wissel, drei Frauen und Kinder wurden nie identifiziert. Auf japanischer Seite gab es lediglich ein Opfer, Osamu Kudo in seiner Zero, die vom niederländischen Leutnant W. (Gus) Winckel mit einem Maschinengewehr vom Boden aus abgeschossen wurde. Von dieser Geschichte gibt es zwei Versionen, eines steht jedoch fest: Fliegerleutnant Winckel war gerade mit seiner Lockheed Lodestar der Königlich Niederländisch-Indischen Luftwaffe (ML-KNIL) nach einem siebenstündigen Flug aus Bandung gelandet, als eine der amerikanischen Liberators starten wollte. Die Passagiere der niederländischen Maschine befanden sich noch an Bord, und Winckel rollte zu der Stelle, an der sie betankt werden sollte. Ob die Australier gerade Manöver abhielten, erkundigte er sich an der Tankstation, und als er gefragt wurde, wieso, deutete er zum Himmel, an dem neun Maschinen, klein wie Punkte, sich näherten. Er rannte zur Lockheed, trieb seine Passagiere aus dem Flugzeug und befahl ihnen, Deckung zu suchen, holte sein luftgekühltes Colt-Maschinengewehr heraus und nahm die japanischen Flugzeuge unter Beschuß. Er hatte vierhundert Schuß Munition und feuerte so lange, bis sein Gewehr rotglühend war und die Haut an seinem Arm verbrannt. Das war das Ende von Osamu Kudo, dessen Leichnam nie gefunden wurde.

Doch bevor es soweit war, hatte Kudo einen letzten Coup gelandet. Die amerikanische Liberator, die bereits auf der Startbahn war, hatte offenbar von den Geschehnissen ringsum nichts bemerkt. Die Maschine befand sich mit verwundeten Soldaten auf dem Weg von Java nach Perth. Kudo sah sie und griff an, Minuten bevor er selbst von Winckel abgeschossen wurde. Die Liberator flog noch einige Kilometer und zerbrach dann über Gantheaume Point in zwei Teile. Die beiden einzigen Überlebenden, die beim Absturz hinausgeschleudert worden waren, sahen, wie die große Maschine mit den übrigen Insassen langsam versank.

Geschichte, dies alles. Welch unendliche Reihe von Ereignissen geht dem Moment voran, in dem ein kleiner australischer Küstenort für *einen* Tag zur Kulisse für eine Szene aus einem Weltkrieg wird? Erst muß Kommandant Perry 1856 die Japaner dazu zwingen, ihr Land für den internationalen Handel zu öffnen. Die Niederlande müssen Jahrhunderte zuvor ein Kolonialreich in dem Archipel gegründet haben, der heute Indonesien ist. Die Japaner, die sich von der restlichen Welt in die Ecke gedrängt fühlen und über keine eigenen Rohstoffvorkommen verfügen, die Amerikaner, die durch Pearl Harbour gezwungen werden, sich an einem Krieg zu beteiligen, der zunächst eine Reaktion Deutschlands auf das vermeintliche Unrecht von Versailles war. Tausend Verästelungen treffen zu etwas zusammen, dieses Etwas zerbirst in weitere tausend Verästelungen, und eine davon ist hier lokalisiert, in diesem entlegenen tropischen Winkel, der näher bei Neuguinea liegt als bei Sydney oder Perth.

Wie bin ich dorthin gekommen? Durch eine Einladung zu einem Festival in Perth, im Jahr 2000. Damals bereits habe ich die Bücher gekauft, die diese sich 1942 abspielende Geschichte erzählen, *Flight of Diamonds* von W. H. Tyler, *Port of Pearls* von Hugh Edwards, *Broome's One Day War* von Mervyn W. Prime; sie haben mich seither nicht mehr losgelassen und sind der eigentliche Grund für meine Rückkehr. Die Frage beim Festival im Jahr 2000 war simpel. »Wo Sie schon mal hier sind – was halten Sie davon, zwei Lesungen in der Gegend zu geben?«

Was aber ist eine Gegend? In Australien sind das schnell ein paar Tausend Kilometer. Es wurden Broome und Derby, Liebe auf den ersten Blick. Warum? Schwer zu erklären. Ausnahmeorte habe ich seit jeher geliebt. Man schaut auf die Karte und ist verloren. Am liebsten wäre ich schon damals mit dem Auto hingefahren, rund zweitausend Kilometer und dazwischen so gut wie nichts, aber das klappte in dem Jahr nicht. Also flog ich.

Die Maschine dreht langsam eine Runde über der Roebuck Bay, ebenjener, in der alle diese Dorniers versunken sind, was ich damals aber noch nicht wußte. Es war März, als ich zum ersten Mal dorthin kam, wie jetzt auch, und wie 1942, als ich neun Jahre alt war.

Ihr Winter, heißer als unser Sommer. Niedrige Gebäude, breite Alleen mit tropischen Bäumen, am Meer bei der Roebuck Bay Mangrovenwälder, solche dschungelartigen Gewächse, die bis zu den Knien im schlammfarbenen Wasser stehen. Gemächliches Tempo, Aborigines, die, sich wie bewegliche Daguerrotypen vom weißen Himmel abhebend, eine weite Grasfläche überqueren, große Autos, die aus dem Busch kommen, Männer mit Wüstenstaub an den Schuhen.

Man liest von Perlenfischern, dies war die Perlenhauptstadt der Welt, hier starben sie zu Hunderten, erstickt unter Wasser um des großen oder nicht so großen Geldes willen. Das kleine historische, in einem Holzgebäude untergebrachte Museum kann alles davon erzählen, Fotos, Tauchgeräte, japanische Familiengeschichten, Friedhöfe mit japanischen und chinesischen Gräbern. Stoff für Abenteuerromane, die ich nicht schreibe, aber doch um mich herum spüre an dem alten Holzsteg, an dem die Perlenfischer früher inmitten der Sumpfgerüche des Niedrigwassers anlegten. Alles sah hier nach Grenzgebiet, *frontier*, aus, die verbotenen Straßen, die man mit normalen Autos nicht befahren darf, die betörenden, verlockenden leeren Flächen auf allen Karten, die Bars voller Männer mit großen Hüten und Tätowierungen, die Billard und Poker spielen und Flaschenbier trinken, bedient von bikinitragenden Mädchen, die eine knochendürr und durchscheinend weiß, die andere mit rosigen Speckfalten, die in dem winzigen Stoffteil hin und her wabbeln.

Ich hielt meine Lesung vor ungefähr zwanzig Leuten in der kleinen Buchhandlung und später in der Bibliothek von Derby, noch einmal zweihundert Kilometer weiter. Sumpfgebiet auch dort, tote Bäume wie Gespenster mit ausgestreckten Armen im schwarzen Wasser, das dick schien wie Öl, unterwegs der älteste Baobab ganz Australiens, ein Baum wie ein Haus, umringt von lehmfarbenen Termitenhügeln, und auch dort ein langer Steg, auf dem Aborigines sitzen und angeln. In Derby bestand mein Publikum aus vier Frauen oder, besser gesagt, zunächst gar

Fitzroy River

keiner. Ich hörte, hinter Bücherregalen versteckt, wie die Bibliothekarin verzweifelt alle möglichen Nummern wählte. Ich sollte aus *Der Umweg nach Santiago* lesen, das gerade auf englisch erschienen war, und nachdem die vier Frauen hereingetröpfelt waren, setzten sie sich zu mir an den Tisch. Draußen lärmende tropische Vögel, drinnen das Rauschen eines Ventilators an der Decke. Ich las von Don Quijote und seinen wunderlichen Kämpfen, die hier plötzlich viel weniger wunderlich waren, hier scheint die Wirklichkeit selbst manchmal verzaubert, alles etwas größer und wilder, vielleicht wäre niemand erstaunt, wenn der Ritter von der Traurigen Gestalt plötzlich mit seinem dicken Schildknappen auftauchte, sie würden wunderbar in diese Landschaft passen. Am Ende der Lesung kauften alle ein Buch, ein hundertprozentiger Erfolg, einen größeren habe ich nie erzielt. Ich hatte damals nach Fitzroy Crossing weiterfahren wollen, doch es war *the Wet*, die Zeit der Überschwemmungen, in der die Straßen selbst für allradgetriebene Wagen unpassierbar sind, eine Fluß-landschaft. Auf der Karte zog sich der Great Northern Highway wie ein orangefarbener Strich durch ein wei-ßes Gebiet mit Schraffuren, das Bett des Fitzroy River, das Weiß ein leeres, trockenes Gebiet, das sich bis zur Great Sandy Desert erstreckt, Land ohne Straßen, ohne Namen, nur Leere. Kurz bevor diese immense Leere beginnt, gibt es noch Wörter, da heißt die Welt noch Yarri Yarri oder Pyramid Hill, Djilimbardi, Outpost Hill, aber mein Au-to taugt nicht für so viel Sand – nicht für das Wasser und nicht für den Sand. Ich lese, was in kleinen roten Buchsta-ben in all dem Weiß steht: »The magnificent Fitzroy Riv-er flows through rugged hills and plains for over 750 km. When in flood it can reach up to 15 km wide and the flood waters have carved through the limestone of the Devonian Reef to form the Geikie Gorge. The area marked in grey on this map shows where access to the river is closed to con-trol Noogoora Burr, a noxious weed.«

Und jetzt? Jetzt bin ich wieder in Broome, es läßt mich einfach nicht los. Ich kam aus Bali, über Perth, ein größe-rer Kulturschock im Zeitraum weniger Stunden ist nicht denkbar. Von Gamelanmusik, Blumenopfern und Tem-peln voll anmutiger Gestalten zu Rabauken, Blondhaar und ungeschlachten Körpern, unmöglich, aber man kehrt sein Inneres nach außen, und dann geht es doch. Ironie der Geschichte, am Flughafen miete ich einen Mitsubi-shi Allrad, Japan hat den Krieg doch gewonnen, die Ze-ros sind weggeflogen und in Gestalt von Autos zurückge-kehrt. Das Motel sieht aus wie ein Motel, tautologische

Gewißheiten, man weiß, was man bekommt. Das Rattanbett, die Zwei-Meter-Terrasse mit zwei Plastikstühlen, das Murmeln des Nachbarn, die Nachrichten aus der fernen Hauptstadt, das Flüstern der Klimaanlage, den Singsang des großen Kühlschranks, die eigenartige Maschine, in der man sein Essen zubereiten kann, und alles sonst in den Farben verblichener Narzissen, mein Haus. Jemand hat draußen sein Autoradio angelassen, Reklame für Akkus und Waschmaschinen, die Welt.

Ich fühle mich immer sehr wohl an solchen Orten. Nun wird es Zeit, die Stadt von damals wiederzufinden, eine Stadt, die keine ist, die keine Hochbauten kennt, nur niedrige tropische Häuser an breiten Alleen mit mächtigen tropischen Bäumen. Carnot Bay, manchmal kann man Dinge nur auf die dümmste Art und Weise ausdrükken. Während ich auf die Karte der Stadt und ihrer Umgebung starre, auf der Suche nach den Orten, an denen ich vor all den Jahren war, sehe ich auf einmal das Wort Carnot Bay. Mein inneres Google, um so vieles primitiver als das Instrument, das auf dem besten Wege ist, unser Gedächtnis binnen weniger Generationen auszuschalten – warum sollte man sich noch etwas merken, wenn irgendwo in der Welt eine Maschine steht, die alles für einen behält –, schnurrt sein bescheidenes Wissen herunter und berichtet mir, daß Carnot Bay in der Geschichte von 1942 ein Kernwort ist, und mit einemmal steht auf meinem inneren Bildschirm der Name Smirnow und Diamanten und Bandung, eine tote Frau und ein totes Kind. Der Krieg und alles, was damit zusammenhängt. Niederländische Geschichte, ich glaube nicht, daß viele sie kennen, wobei die Story von Iwan Smirnow allein schon einen Roman wert ist. Er hat selbst ein Buch darüber geschrieben, außerdem schwirren Berichte über diesen Tag im Internet herum, in dem nie etwas verlorengeht.

Es ist noch immer Dienstag, der 3. März 1942. Unbemerkt von den besetzten Niederlanden, startet in Bandung, das drei Tage später von den Japanern erobert werden wird, die Pelikaan, eine Douglas DC-3 der KNILM. Der Pilot ist ein Weißrusse mit allen Merkmalen eines Abenteurers, einer der drei Musketiere, der die beiden anderen irgendwo in der Welt zurückgelassen hat. Es wird ein ereignisreicher Flug werden, den nicht alle an Bord überleben werden. Iwan Wassiljewitsch Smirnow, der von seinen Freunden »der Türke« genannt wird, hat im Ersten Weltkrieg zwölf deutsche Kampfflugzeuge vom Himmel geholt. Er ist berühmt in Fliegerkreisen, umgeben von einer ähnlichen Aura wie von Richthofen, einer jener Ritter der Lüfte, die in ihren Einsitzern dramatische Duelle ausgetragen haben. Jetzt ist wieder Krieg, und daß der Flug gefährlich werden kann, weiß Smirnow. Kurz vor dem Start wird ihm ein kleines braunes Päckchen übergeben, das sich schwerer anfühlt, als es aussieht. Was sich darin befindet, weiß er nicht, nur, daß es wichtig ist. Als Adressat ist die Commonwealth Bank in Melbourne angegeben. Er weiß auch, daß er das Päckchen, komme, was da wolle, bei sich in Verwahrung behalten muß, bis sich im sicheren Australien jemand bei ihm meldet, um es in Empfang zu nehmen. An Bord befinden sich zwölf Personen, ein paar Militärs, die Besatzung. Sie können nicht sitzen, es gibt keinen Platz, alles kauert auf dem Boden, lediglich die einzige Frau, Maria van Tuyn – sie ist die Frau eines anderen Piloten –, hat mit ihrem noch nicht einmal einjährigen Baby einen Sitzplatz. Wir sind so gewöhnt an Australien als Land für sich,

Iwan Smirnow, Ritter der Lüfte aus dem Ersten Weltkrieg

daß man kurz zusammenzuckt, wenn man auf der Karte Südostasiens sieht, wie nahe beieinander Länder liegen können, die die Geschichte anscheinend viel weiter auseinander plaziert hat. Will man wissen, wie sich das anfühlt, muß man nur die drei Stunden von Bali nach Perth fliegen. Man kommt nicht auf einen anderen Kontinent, sondern auf einen anderen Planeten.

Ziel der DC-3 ist Broome, in ungefähr sieben Stunden muß Smirnow die Strecke bewältigt haben. Als sie sich der australischen Küste nähern, erfragt Bordfunker Muller die Landungsinstruktionen. Die Antwort, die er erhält, ist mehrdeutig, es klingt nach: Sie können jetzt landen, doch der Zweifel, der darin mitschwingt, hat auch etwas von: Feind hört mit, und im selben Moment wird der Feind schon sichtbar, zunächst in Gestalt von Punkten, die aber rasch groß genug werden, um sie als japanische Zeros zu erkennen, die unverzüglich zum Angriff übergehen.

Dies ist Smirnows erster Luftkampf seit über zwanzig Jahren, aber seine DC-3 ist kein Kampfflugzeug, und es sind drei gegen einen. Seine drei Gegner sind Leutnant Zenziro Miyano, Sergeant Takashi Kurano und Flieger Zempei Matsumoto. Kommandant Miyano erteilt den beiden anderen den Befehl zum Angriff. Smirnow versucht, mit allen erdenklichen Manövern, die er in jenem anderen, so lange zurückliegenden Krieg gelernt hat – Abtauchen, Wenden, Hochziehen –, den beiden Jägern zu entkommen, doch gegen die viel wendigeren Japaner hat er nicht die geringste Chance. Ein Motor steht lichterloh in Flammen, Smirnow hat Passagiere an Bord, ist mehrfach verwundet und schafft es dennoch, die Maschine am Strand der Carnot Bay auf den Boden zu bekommen. Auf dem alten Foto, das ich später sehe, liegt die PK-AFV da wie ein gestrandetes Tier, der Aufschlag muß gewaltig gewesen sein, vom Fahrwerk ist nichts mehr übrig, die kleinen viereckigen Fenster sind aschfarben und schwarz, die Maschine ist ausgebrannt.

Über diese Minuten habe ich verschiedene Berichte gelesen. Die Landung war ein Meisterstück. Smirnow steuerte seine getroffene Maschine so in die Brandung, daß das Feuer im linken Motor sofort erlosch. Jetzt mußten alle das Flugzeug verlassen. Es ging um Sekunden, bis die Zeros wieder zurückkehren würden. Der Bericht in einem der Bücher, die ich darüber las, *Flight of Diamonds* von W. H. Tyler, läßt sich ohne weiteres in Filmbilder umsetzen. Einige der Männer an Bord kriechen aus dem Flugzeug und waten durchs Wasser, das sie in gewisser Weise auch schützt, weil sie in ihm untertauchen können. Als Bordmechaniker Blaauw es jedoch versucht, wird er an beiden Knien getroffen. Smirnow stellt fest, daß seine eigenen Schußverletzungen nicht mehr bluten, die Gefahr des Verblutens ist also gebannt. Daß eine Kugel seinen Oberschenkel durchschlagen hat, merkt er erst später. Nach jedem Sturzflug der Japaner haben sie einen Moment Zeit für den Versuch, die anderen aus der Maschine zu retten, bis der Feind schließlich keine Munition mehr hat. Maria van Tuyn ist schwer verletzt, sie wird später sterben, genau wie ihr Baby. Bordfunker Muller klettert zurück in die Maschine, um seinen drahtlosen Sender zu holen, und versucht, zu dem sechzig Kilometer entfernten Flugplatz in Broome Kontakt aufzunehmen, was aber nicht gelingt. Jetzt, da die Zeros abgedreht sind, gibt es nur noch das Geräusch der Brandung, das Wimmern der Verwundeten und die Hitze, die immer schwerer auf ihnen lastet.

Die Flut kommt, die zerborstene Maschine wird hochgehoben, bewegt sich mit den Wellen auf und ab. Als einer der KNILM-Angehörigen auf Befehl Smirnows versucht, an Bord zu gelangen, um die Papiere, die Post und das braune Päckchen zu bergen, wird er von einer gewaltigen Welle erfaßt, die ihn wie ein Schwergewichtsboxer niederschlägt, alles, was er in Händen hält, verschwindet im tosenden Wasser, auch das Päckchen – der Beginn einer Geschichte, die nie ganz aufgeklärt wurde. Vorläufig können sie nichts tun. Aus den an Bord befindlichen Fallschirmen wird eine Art Zelt gebaut, so daß sie wenigstens etwas Schutz vor der Sonne haben. Wasser haben sie kaum, die Männer, die Smirnow auf der Suche danach losschickt, kehren unverrichteter Dinge erschöpft zurück. In dieser Nacht stirbt Maria van Tuyn, gegen Morgen ein weiterer Passagier, Hendriksz, ein Pilot. Die anderen begraben sie

Iwan Smirnows abgestürzte DC-3 am Strand der Carnot Bay

in flachen Gräbern im weichen Sand, der kurz darauf ihre Rettung wird, als ein japanisches Wasserflugzeug Bomben auf sie abwirft, die wegen der Feuchtigkeit des Sandes nicht explodieren. Eine weitere Nacht, dann stirbt auch Blaauw.

Rettung naht, weil ein Aborigine der Mission in Beagle Bay gemeldet hat, ein Flugzeug sei abgeschossen worden. Am nächsten Morgen begibt sich ein deutscher Mönch aus der Mission – den man nicht interniert hat – zusammen mit einem Angehörigen des Militärstützpunkts und einem Aborigine auf die Suche nach dem abgeschossenen Flugzeug und möglichen Überlebenden. Unterwegs stoßen sie auf zwei Männer, die Smirnow ausgesandt hat. Sie lassen sie mit dem Versprechen zurück, später zu helfen, und begegnen zwei weiteren überlebenden Niederländern, die ihnen genauer angeben können, wo sich das Flugzeug in etwa befindet. Nicht lange danach fliegen zwei Wirraways der australischen Luftwaffe über den Strand und werfen Lebensmittel ab, doch für das Baby von Maria van Tuyn kommt die Hilfe zu spät. Erst am 7. März erreichen der Mönch, Bruder Richard, und seine Helfer das Wrack mit den Überlebenden und den Toten. Am 9. März wird er zurückkehren, um die Leichen beizusetzen.

In *Broome's One Day War* von Mervyn W. Prime sehe ich die Fotos. Das Papier, auf dem sie gedruckt sind, das Schwarzweiß und die veraltete Fototechnik machen die Bilder besonders ausdrucksstark. Das Schwarzweiß ist zu einer Reihe Grau-Abstufungen verblichen. Auf einem Foto von 1979, siebenunddreißig Jahre nach dem Absturz, liegt ein Flügel der DC-3 im nassen, geriffelten Sand, der Ozean hat an ihm gezerrt und gefressen. Der gestrandete Rumpf mit der ungültig gewordenen Kennung erzählt von Tod und Zerstörung, Krieg und Geschichte, doch auf einem von vorn aufgenommenen Foto ragt das beschädigte Cockpit noch immer hoch auf. Auf dem linken Triebwerk sitzt der Schatten eines namenlosen Mannes. Er lehnt den Arm an eines der Propellerblätter. Vier weitere Männer stehen vor dem Flugzeug. Sie wurden von der australischen Luftwaffe entsandt, um das Rätsel des verschwundenen Päckchens zu lösen. Ihre Gesichter, zwei davon unter großen australischen Hüten, sind durch das Grau des Fotos gelöscht. Der Mann in dem abgetragenen weißen Unterhemd wird namentlich genannt, Jack Palmer. Ich denke, daß der kleine schwarze Hund links von der Gruppe, dessen Augen im Schwarz des Fotos aufgegangen sind, uns aus dem Jenseits ansieht. Er weiß mehr, dieser Hund.

Wer aber noch mehr wußte, war sein Besitzer Palmer. Schade, daß das Foto nicht viel von seinem Gesicht preisgibt, denn er ist der Held eines Schelmenromans. Strandräuber, Casanova, Jäger des seltenen Dugongs, Abenteurer, Pirat. Er ist derjenige, der das berühmte Päckchen mit den Brillanten gefunden hat, er kam mit seinem

Jack Palmer (zweiter von rechts)

Logger vorbei, hievte sich an Bord des Flugzeugwracks und tastete mit dem Instinkt des wahren Räubers alle Spalten und Ritzen der Maschine ab, bis er das Päckchen entdeckte, das von der wilden See zwischen Benzintank und Bordwand gedrückt worden war. Was darin ist, weiß er nicht, das Wasser hat die Pappe aufgeweicht, etwas Ähnliches wie ein rotes Siegel haftet daran, und als er es aufbricht, stößt er auf eine Art großer Brieftasche. Daß das Päckchen von der Juwelierfirma De Concurrent NV in Bandung stammt, kann er nicht wissen. Fürs erste läßt er die kleine Ledertasche geschlossen. Ein paar Kleidungsstücke, die er an Bord findet, schenkt er den beiden Aborigines-Jungen, die als Besatzung mit ihm auf dem Weg zur Beagle Bay sind.

Was nun beginnt, ist ein Dreigroschenroman mit echten Diamanten, in dem der Held zum Schluß obsiegt. Die anderen Akteure sind Aborigines-Frauen, Polizeiinspektoren, Militärs, zwei weitere Abenteurer, die mit ihrem Logger von Broome ausgelaufen sind und irgendwo weiter nördlich warten, bis die Kriegsgefahr vorbei ist. Palmer liebt Frauen, unter den dort lebenden Aborigines findet er genug. Mittlerweile hat er seinen Fund genauer untersucht, große und kleinere »weiße Steine«, die allmählich ihren Weg in Frauenhände finden und von dort wieder in Männerhände. Um zu verstehen, was da vor sich geht, muß man das Gebiet kennen. Kaum Straßen, vereinzelte Siedlungen der Aborigines, deutsche Missionare, mehr oder weniger alte Männer auf Loggern, die die wilde Küste entlangfahren, Hitze, Krieg, Gesetzlosigkeit.

Palmer macht seinen Logger neben dem der beiden anderen fest, die in der Beagle Bay liegen und von ihren Vorräten leben und dem, was sie fischen. Sie heißen Robinson und Mulgrue. Arie für Baß, Bariton, Tenor. Kulisse: die dunkle Kajüte eines kleinen Loggers. Der Tenor zeigt seine Schätze und verteilt, nimmt die größeren Steine aber schnell wieder an sich. Der Baß sieht schlecht, überläßt seinen Schatz dem Bariton, der die Steine später in einer kleinen Flasche im Sand vergräbt, wo sie von einer Einheimischen gefunden werden. Sie hat keine Ahnung von deren Wert, kauft sich Tabak dafür. Dann wird Palmer von Reue erfaßt, aber nicht sehr. Er will zur Armee, meldet sich beim Kommandanten in Broome und erzählt seine Geschichte, aber nicht ganz. Zwei Dosen mit Steinen gibt er diesem Major Clifford Gibson, dem klar ist, daß er nicht die ganze Wahrheit gehört und ganz sicher nicht alle Steine bekommen hat.

Palmer berichtet, er sei die mehr als hundertfünfzig Kilometer von der Beagle Bay zu Fuß gekommen, um in das Militär einzutreten. Er wird aufgenommen und bekommt einen einsamen Beobachtungsposten bei Gantheaume Point zugewiesen. Dort war ich früher einmal, und ich habe über den versteinerten Fußabdruck eines Dinosauriers geschrieben, der dort im Felsen zu sehen ist, ein Tier, das vor 130 Millionen Jahren herumgelaufen ist und uns das wissen lassen wollte. Das Seltsame daran war, schrieb ich damals, daß Menschen, die erst Millionen Jahre später lebten, der Art einen Namen gaben, als sie schon längst ausgestorben war. Das Meer gurgelt und plätschert um diesen Felsen, einst hat der Leuchtturmwärter eine Badewanne für seine Frau darin ausgehauen, ein Akt der Liebe – das Glück dieser Frau in ihrem einsamen Bad inmitten der Elemente muß unbeschreiblich gewesen sein. Und auch Palmer ist dort in seinem Element. Er nimmt besoldet am Krieg teil und braucht lediglich den endlosen Ozean zu beobachten, ob Japaner im Anmarsch sind, hat reichlich Fisch und Dugongs und verfügt dazu über eine Schar Aborigines-Frauen in der Nähe. Und er weiß, wo seine Diamanten sind, die, die er noch nicht zurückgegeben hat. Er wird sie sein ganzes Leben lang, das bis 1958 währen wird, behalten und sein Geheimnis mit ins Grab nehmen.

Doch soweit ist es noch nicht. Mehr und mehr der kostbaren Steine tauchen in Broome auf, aber auch zusammen mit den von Palmer zurückgegebenen sind es noch immer nicht genug, es fehlen nach wie vor Brillanten im Wert von mehreren Millionen Pfund. Palmer wird festgenommen, die beiden Freunde auf dem Logger, der inzwischen in Little Creek liegt, ebenfalls. Jeder erzählt seine Geschichte, doch Robinson weiß noch nicht, daß die Diamanten, die er im Sand bei Little Creek vergraben hat, inzwischen von Connie Joorida gefunden worden sind, Steine, die nun ebenfalls ihren Weg nach Broome und dann nach Perth finden, wo sie gezählt und taxiert werden. Immer mehr Steine tauchen auf, werden hier und da abgegeben, Gottesfurcht hat die Menschen ergriffen, seit sie wissen, daß die Polizei danach sucht, nur Palmer hütet sein Geheimnis, und er tut das so gut, daß er freigesprochen wird, genau wie Robinson und Mulgrue, doch die haben ja tatsächlich nichts.

Es wird Abend. Ich bin in meinem kleinen Mitsubishi nach Gantheaume Point gefahren. Die größte Hitze ist vorbei, über den Himmel ziehen rote und goldene Wolkenschiffe, Kardinalspurpur, der auch über dem Meer liegt. Es sind bereits ein paar andere Leute da, sehen sich, wie ich, den Fußabdruck im Felsen an. Was sie denken, bleibt mir verborgen, doch es hat sicherlich etwas mit Zeit zu tun, das ist hier unausweichlich. Palmer muß hier glücklich gewesen sein, denke ich. Er hat sich später ein Haus in Broome gekauft, besaß einen blauen Chevrolet und genügend Geld für Frauen. Nicht einmal auf dem Sterbebett hat er sein Geheimnis preisgegeben.

Und Smirnow? Er wurde als Zeuge in dem Prozeß vorgeladen und wird sich wohl das Seine gedacht haben, als Palmer freigesprochen wurde. 1944 und '45 flog er noch für eine andere Gesellschaft, ging dann zurück nach Holland und später, wie so viele, die in den Tropen gelebt haben, nach Mallorca. 27000 Stunden war er geflogen seit jenen ersten Tagen bei der Kaiserlich Russischen Luftwaffe. Über sein Leben erschien ein Buch, *The Smirnoff Story*, von Anne Coupar, und er selbst schrieb ebenfalls eines, *The Future Has Wings*. Alexander Korda und Cecil B. DeMille wollten sein Leben verfilmen, doch als er erfuhr, welche Schauspieler ihn spielen sollten, verweigerte er seine Zustimmung. Er starb im Oktober 1956.

Ich sitze ganz ruhig auf meinem Felsen. Größerer Friede ist nicht denkbar. Irgendwo in der Ferne auf der anderen Seite des Ozeans muß unser früheres Königreich liegen. Das Wasser ist glatt und glänzt, aber ich weiß, wie trügerisch das ist. Im nächtlichen Kubus meines Hotels habe ich die Geschichten über Broome gelesen, Geschichten von Perlentauchern und Strafexpeditionen gegen die Aborigines, von Schicksal und Mißverständnis, und die Blutfarbe des Wassers reimt sich mit dem Gelesenen.

Einst war Broome die Perlenhauptstadt der Welt, von überallher kamen sie, mitleidslose Weiße auf baufälligen Booten. Auf dem Grunde des Meeres, der Buchten und der Flüsse lagen die Austernbetten der *Pinctada maxima*, mächtig große Muscheln mit Perlmutt und, wenn man Glück hatte, mit Perlen. Und Glück, darauf waren die Männer aus. Es war das letzte Viertel des neunzehnten Jahrhunderts, Taucherhelme waren noch nicht erfunden, fast nackte Menschen waren nötig, um bis hinunter zum Grund zu tauchen. Menschen, die gab es genug, ein ganzes Hinterland voller Aborigines. Was ist das Leben eines Aborigine wert? Einer schwangeren Frau, eines Jungen, fast noch ein Kind? Wie lange kann man unter Wasser bleiben?

In seinem Buch *Port of Pearls* erzählt Hugh Edwards die Geschichten von Abenteuern, Schicksal und Grausamkeit. Das größere Schiff und die kleineren Boote mit dem einen Weißen und den vier oder fünf Aborigines, die für die lebensgefährliche Arbeit nicht bezahlt werden. Sie müssen von den Booten springen und mit einer Muschel wieder auftauchen. Dafür haben sie weniger als eine Minute Zeit. Der Gezeitenstrom fegt die Muscheln unter Wasser in seiner Bewegung mit. Edwards zitiert die wenigen Menschen, die damit zu tun hatten und darüber geschrieben haben. Sobald Luftblasen an der Stelle zu sehen sind, an der jemand getaucht ist, weiß man, es ist schiefgegangen, denn falls jemand unter Wasser Atem holt, beginnt er zu sinken, erstickt und kommt nie wieder nach oben, oder er wird von einem Hai angegriffen und in Stücke gerissen. Wie viele Aborigines auf diese Weise gestorben sind, weiß niemand, darüber wurde nicht Buch geführt. Wer sich für einen Moment am Bootsrand festhalten wollte, nachdem er seine Muschel abgeliefert hatte, bekam Schläge auf die Hände. Wer keine Muschel heraufbrachte, mußte später mit einem Tomahawk Muscheln abkratzen, eine Arbeit, die jeder haßte. Die Aborigines, sogar die, die man im Binnenland zwangsrekrutiert und mit Ketten um den Hals zur Küste gebracht hatte, waren phantastische Taucher, ihre Kondition war wesentlich besser als die der Malaien, die später kamen und, im Gegensatz zu ihnen, entlohnt wurden.

Noch später, als die Zuchtperle und der Taucherhelm erfunden waren, sollte sich alles ändern. Die Aborigines wurden fürs Tauchen nicht mehr gebraucht. Sie kamen mit diesen klaustrophobischen mechanischen Monsterköpfen nicht zurecht, darin waren die Japaner und Chinesen besser, und wieder sollte sich die Welt von Broome eine Umdrehung weiterdrehen. Taucherhelme, Zuchtperlen, andere Formen von Reichtum, aber nach wie vor diese riesige Entfernung zu den übrigen Städten des Kontinents und nach wie vor wenige Straßen, um sie zu überwinden.

Das Faszinierende an *local history* ist das Doppelmuster, das der großen Bewegung der Geschichte und das des individuellen Geschicks oder Verhängnisses. Die Weißen, die in diesen wilden Norden zogen, konnten die Welt der Aborigines nicht verstehen. Von der Kosmogonie, dem Weltbild, den Schöpfungsmythen, an denen diese seit Jahrtausenden gefeilt hatten, wußten sie nichts. Sie sahen ein Spiegelbild, das Angst einflößte, die Möglichkeit des völlig Anderen, Musik, in der sie nichts wiedererkannten, menschliche Wesen, die sie häßlich fanden, ein Universum von ihrem eigenen Schönheitsideal entfernt, nackte, dunkle Gestalten in der endlosen Landschaft, die offenbar von Sand und Luft leben konnten, denn sie hielten keine Tiere, hatten keine Schrift und keine Maschinen, und sie bauten nichts an. Das Gleichgewicht, in dem sie mit und in der Natur gelebt hatten, war ein ökologisches System von hoher Intelligenz, aber keine begreifbare Kategorie für die Neuankömmlinge, die das Land und das Wasser auf zerstörerische Weise nutzen wollten, so wie es auf der anderen Seite des Globus bereits geschah. In der unbegreiflichen Welt, die sie hier vorfanden, hatte es immer genug zum Leben und Überleben gegeben, der Natur wurde nie Gewalt angetan, ein kompliziertes, sehr detailliertes Gewohnheitsrecht samt den dazugehörigen Tabus regelte die Zahl der Menschen in einem bestimmten Gebiet, bis die Weißen kamen und das uralte System der Bodennutzung und Wasserregulierung durchbrachen, weil sie Weideland für ihre Schafe und Kühe suchten.

Ich weiß nicht, ob man so etwas als Mißverständnis bezeichnen darf. Schuldhaftes oder schuldloses Unverständnis, wobei der Schwächere verliert. Widerstand, und den gab es natürlich, wurde geahndet. Tod auf beiden Seiten, Gefangenschaft, Zwangsarbeit auf See, die Zerstörung einer Kultur mit noch immer sichtbaren Folgen.

Broome, dieser nahezu unsichtbare Fleck im Nordwesten der riesengroßen Insel namens Australien, entwickelte sich zu einer Boomtown. Einige wurden reich, andere nicht. Vermögen wurden erworben und verschleudert. Vielerlei war damit verbunden, eine neue örtliche Elite, eine Hierarchie in Verwaltung und Handel, Namen wie Male und Streeters, die ich auf vergilbten Fotos von 1908 gesehen habe, die aber nach über hundert Jahren noch immer Gültigkeit besitzen und an den Holzfassaden der Bank oder von Eisenwarengeschäften zu sehen sind. Pittoreske Gestalten, Männer, die wie ich an der Bar des nach wie vor existierenden Roebuck Hotels gesessen haben, Geschichten von Bordellen in Chinatown, von Aufstieg und Untergang, Reputationen, die ein Jahrhundert später noch im kleinen historischen Museum nachsummen und auf dem Hügel des Pionierfriedhofs nahe der Town Beach, mit Gitterzäunen eingefaßte Gräber, die über den Ozean blicken. *Richard Peter Bisley, pearl diver, lost in Roebuck Bay nov. 21, 1993, gone but not forgotten.* Wie lange bleibt so etwas gültig? *Captain Harry Talboys. Sea Captain and Master Pearler, Great Grandfather of Roy, Stan, Ron and Alan Brown, 1880 / 1932.* Er muß alles miterlebt haben, noch zu seiner Zeit wohnten in Broome mehr Asiaten als Weiße, die Aborigines waren zum Teil von der Bildfläche verschwunden, hatten sich zurückgezogen in ihre ferne Welt. Sie haben keinen eigenen Friedhof in Broome wie die Muslime, die Japaner und die Chinesen.

An einem flirrend heißen Tag gehe ich die Toten besuchen, sie liegen alle beieinander auf ihren eigenen Friedhöfen, die malaiischen Muslime, die Chinesen und die Japaner, das Totenreich als Ausland im Ausland. Die Zeichen auf den Gräbern stehen für Menschen, deren Na-

138

Friedhof in Broome

men ich nie erfahren werde, weil die Zeichen, die dazu bestimmt sind, sie zu benennen, mir gerade den Zugang versperren. Ich weiß, daß sie Laute darstellen und daß diese Laute einen Menschen hatten rufen können, als dieser noch lebte, doch das ist vorbei. Zwischen 1909 und 1917 starben hier 145 Taucher, meist an einer Lähmung, die *the bends* genannt wird. Es war ein anderer Tod als der der früheren *skindivers*, die ohne Helm tauchten. Jetzt konnte man länger unter Wasser bleiben und tiefer hinuntergehen. Doch wer zu tief taucht und zu schnell wieder nach oben kommt, befindet sich in Lebensgefahr. Die Dekompression wirkt sich tödlich aus. Luft besteht nun mal aus Sauerstoff, Stickstoff und anderen Gasen, und wenn der Taucher unten ist und atmet, gelangt der Stickstoff als Flüssigkeit in sein Blut, steigt er jedoch zu schnell auf, bilden sich Blasen und möglicherweise auch Schaum, was zum Tode oder, falls er ins Gehirn gelangt, zu Lähmungen führen kann, *the bends*.

Der Boden ist trocken, voller kleiner Steine, orangerötlich. Die See hat die Toten an eine Erde aus orangefarbenem Staub zurückgegeben. Geschmetter von tropischen Vögeln, Geraschel von Eukalypten, Gespensterbäumen mit sich ablösender weißer Rinde, dann wieder Stille, meine Schritte im Staub. Vertrocknete Kränze, manchmal ein Foto mit einem asiatischen Gesicht, meistens nichts. Kurze Leben. Die chinesischen Toten liegen nach Osten ausgerichtet, die Muslime zwischen den Chinesen und Japanern, als müßten sie sie voneinander trennen. Knapp tausend japanische Tote, das erste Grab ist das von Tanako Koto, als Taucher 1893 ertrunken. Die See hat die meisten Opfer gefordert, des Zyklons von 1908 und jenes von 1935 wird hier noch immer gedacht, wie auch des japanischen Angriffs vom März 1942. Als Australien nach Pearl Harbor Japan gemeinsam mit Amerika den Krieg erklärte, lebten mehr Japaner als weiße Australier in Broome. Bis dahin war ihr Zusammenleben harmonisch verlaufen. Jetzt sollten die Japaner, die schon seit Generationen einen Teil der Bevölkerung ausmachten, plötzlich interniert werden. Sie wehrten sich dagegen in keiner Weise, und die Hausfrauen von Broome trugen nach Kräften dazu bei, ihnen die erzwungene Abreise zu erleichtern. Es gab keine Feindschaft, dafür hatten sie zu lange zusammengelebt.

Irgendwo im kleinen Stadtzentrum steht das Denkmal dreier Perlenkönige, Männer, die die Perlenindustrie gerettet haben. Sie heißen Kuribayashi, Iwaki und Dureau und stehen in Bronze jemandem gegenüber, der keinen Namen hat, nur einen Gattungsnamen, der *Hard Hat Pearl Diver*, der behelmte Perlentaucher. Das klingt wie eine seltene Vogelart, aber auch ein wenig wie der unbekannte Soldat, denn im Laufe der Zeit sind Hunderte dieser Männer gestorben. Für die Aborigine-Zwangsarbeiter, denn das waren sie, die beim Tauchen zu Tode kamen, wurde von der Aborigine-Gemeinschaft eine Gedenkplatte niedergelegt.

In den Büchern und im historischen Museum sehe ich mir die Fotos an, folge dem *heritage trail*, der sich weigert, sich Erbpfad nennen zu lassen, weil es dann etwas anderes bedeutet. Von solchen Orten und ihrer bewahrten Geschichte geht, ich weiß kein besseres Wort, eine Verzauberung aus. Die Isolation hat sie heil gelassen, ein kleiner, vielschichtiger, aber doch übersichtlicher Kosmos von Namen, Daten, Dramen und Erinnerungen. Der Außenstehende geht durch alles hindurch wie durch die Metapher einer größeren Welt und hat genug, worüber er nachdenken kann zwischen den niedrigen tropischen Häusern, den tropischen Bäumen mit ihren weit ausladenden Kronen, die die Sonne abhalten. Man würde gern bleiben, sich das gleiche Tempo aneignen, Bewohner werden, den Rest der Welt hinter der Wüste und dem Ozean langsam vergessen. Kinderträume und auch Widerspruch, denn die Karte lockt.

Als ich das letzte Mal hier war, hatte ich nach Fitzroy Crossing fahren wollen, was aber nicht möglich war, da die Straße überflutet war. Jetzt geht es, und obgleich ich weiß, daß es eigentlich ein sinnloses Exerzitium ist, daß ich die Straße sogar mit meinem allradgetriebenen Mitsubishi nirgendwo verlassen darf, will ich doch in die Leere der Karte hineinfahren, zumindest bis zum großen Fluß, auch wenn mir bewußt ist, daß ich danach höchstens noch bis Hall's Creek, Kununurra und Darwin fahren kann, weil ich auf der anderen Seite des Kontinents bei einem Festival erwartet werde. Vielleicht ist es ja nur der Name, Fitzroy Crossing, der mich auf die Straße treibt, immer waren es Namen, die mich irgendwohin gelockt haben. Der große, aber unbekannte ungarische Essayist und Philosoph Béla Hamvas schreibt in seinem Essay *Kierkegaard in Sizilien*: »Das erste Erlebnis einer Reise ist die rätselhafte Ausdehnung der Möglichkeiten nicht nur in die Richtung, in die man reist, sondern in alle Richtungen, und es bedarf besonderer Geistesgegenwart, um in der plötzlich um ein Vielfaches angewachsenen Welt nicht seine Sicherheit zu verlieren.« Alle Richtungen, genau darin besteht die Verlockung und das Problem des freien Reisenden. Er braucht nur auf die Karte zu schauen. Da sind sie wieder, die Namen, über die ich zu Beginn sprach. Das Roebuck Plains Roadhouse liegt an der Kreuzung des Great Northern Highway. Die 34 Kilometer nach Broome hat man dann hinter sich. Jetzt kann man wählen: nach Süden, nach Nordosten. Ich will beides, und mit diesem ewigen Riß in meinem Körper fahre ich zuerst nach Süden.

Zur Rechten weiß ich den von hier nicht sichtbaren Ozean, links die gleiche Endlosigkeit, nun aus Sand. Wenn hier noch Namen stehen, sind sie für mich unerreichbar, denn es führen keine Straßen dorthin. Auf der sonst leeren Karte gibt es nur eine rote gepunktete Linie, allerdings mit dem Zusatz *no access*. Trotzdem hat diese Straße einen Namen und eine Zahl, *Dampier Downs Road 52*. Auch Dampier, Seeräuber, Botaniker, Kartenmacher, ist in dieser Gegend gewesen, aber er hatte kein Glück. Der Zufall meines eigenartigen Lebens brachte ihn mit dem Dichter Thomas Eliot in der kleinen Kirche von East Stoker in Verbindung, in der beide ihr Denkmal haben. Ich suchte nach dem Grab des einen und fand den anderen, dem ich hier nun wiederbegegne. Ich halte an und schaue die harte Sandspur entlang, die ich nicht befahren darf. Die Autovermietung hat für die Übertretung des Verbots so ungefähr die Todesstrafe verhängt, wegen der Risiken. Darf ich denn nicht wenigstens ein kleines Stück hinein? Na gut, Quengler, aber nur ein ganz kleines. Wüstenartiger Boden links und rechts. Ich weiß, daß sich das für Stunden nicht ändern wird, und steige aus. Ein kleines murmeltierartiges, rattenähnliches Wesen mit einem Schwanz wie ein Pinsel beobachtet mich. Ich schaue zurück, und sein Blick sagt, was ich bereits weiß: Ich befinde mich auf seinem Territorium. Alles gehört ihm, Mulga und Spinifex, der Wind und der Himmel und die Schlange, die sein Feind ist. Doch obgleich ich von Eliots Wüstem Land umgeben bin, sind es nicht seine Worte, die mir durch den Kopf gehen, sondern die des unbekannten Ungarn, eines der tragischen Opfer des zwanzigsten Jahrhunderts, der sich seinen Unterhalt als Hilfsarbeiter verdienen mußte, nicht veröffentlichen durfte, aber trotzdem an einem umfangreichen und faszinierenden Œuvre schrieb, das erst nach und nach entdeckt wird. Er schreibt Sätze über das Reisen, die einen Reisenden nicht mehr loslassen. »Zu Hause lernst du die Welt kennen, auf Reisen dich selbst; denn zu Hause lastet das Gewicht auf dir, unterwegs auf der Welt, und stets bleibt das unbekannt, was du gerade betrachtest.« Es sind Paradoxa, aber ich erkenne sie wieder, und mit einemmal muß ich einmal mehr an eine meiner ersten Reisen per Anhalter denken. Ein Mann in einem englischen Sportwagen, in dem alles nach Leder roch. Auf der schmalen Rückbank das Buch von Papini. Er fragte, wohin ich wolle, und ich antwortete, das wüßte ich nicht. Darauf sagte er etwas, was ich in dem Moment nicht verstand: »Du wirst immer auf dem Stuhl eines anderen sitzen.« Was er damit meinte, war, daß Menschen zu Hause bleiben sollten. Ich habe mich nicht danach gerichtet, aber vergessen habe ich es auch nie.

Während ich hier stehe und der Stille lausche und in die Leere der Landschaft starre, bin ich mir, wie so häufig, zweier Lügen bewußt. Die Landschaft ist leer, aber nicht leer, die Stille ist still, aber nicht still. Mein knopfäugiger Freund ist lautlos verschwunden, ich bin allein. Überall muß verborgenes Leben sein, aber es bewegt sich nichts. So weit ich auch schaue, ich sehe keine Bäume, keine Hügel, keine Vögel. Das nennen wir leer. Niedriges, leicht ausgedörrtes Gras, das man blond nennen kann oder strandhaferartig und das in allen möglichen botanischen Handbüchern einen lateinischen Namen hat, in der Sprache der Aborigines jedoch einen anderen. Und als ich, weil ich ganz still stehenbleibe, genauer hinschaue, sehe ich auch anderes Gras, etwas mit einem kümmerlichen braunen Kügelchen an der Spitze, und ein Stück weiter ein strunkartiges Stück Holz mit einem Schimmelpilz. Auch diese beiden haben Namen. Es kommt kein Auto vorbei, dafür ein Windstoß: Der Komponist ohne Namen hat etwas notiert, etwas rauscht oder seufzt, saust oder bläst, ich höre es. Und dieses andere, dieses leichte Ticken oder Knacken? Ist doch noch jemand hier? Sucht da jemand, der noch kleiner ist als eine Hand oder ein Fingernagel, seinen Weg, verborgen in seiner vor tausend Jahren entworfenen Tarnfarbe, weswegen ich ihn nicht sehe? Was wollen sie mir sagen, was wollen sie mir vor Augen führen?

Stets bleibt das unbekannt, was du gerade betrachtest. Ich weiß, wo ich bin, und ich weiß, wie das hier heißt, aber hilft das? Wenn ich, das Verbot mißachtend, Dampier Downs Road weiter entlangfahren würde, käme ich wahrscheinlich vor Durst um. Mir ist bewußt, daß die Verlockung des Weiterfahrens oder -gehens für andere schwer vorstellbar sein mag. Bei mir bestand sie schon immer. Eine Kurve in der Straße, dann muß man wenigstens bis zu dieser Biegung gehen, um zu sehen, was sich dahinter befindet. Aber ein Stück weiter kommt noch eine Kurve. Und dann ein steiler Abhang, wo der Weg mit den losen, kantigen Steinen wieder um die Ecke biegt. *Rolling Stones.* Und wo führt der hin? Wann kommt der Punkt, an dem man sich mit einem Gefühl tiefer Enttäuschung im Dunklen umdreht? Die Straße weicht ständig vor einem zurück, etwas ist nicht getan, nicht gesehen worden. »Man müßte so reisen«, schreibt Hamvas, »wie das Feuer sich ausbreitet, von einem Mittelpunkt aus in alle Richtungen, und wie das Feuer alles verzehren, was man durchreist hat – damit man am Ende des Weges nichts als Asche und Ruinen zurückläßt. Statt dessen verglüht man selbst, und die Welt blüht weiter.« Ob das wahr ist oder nicht, eine mystische

Ermunterung, ein unlösbares *koan*, in dem Augenblick, in dem ich dort stehe, ist es gültig, ich brauche nichts in Brand zu stecken, diese tropische Landschaft brennt von selbst, und es ist, als dürfe man mit ihr brennen, es macht Geräusche, es läßt einen in eine Ferne blicken, die einen zu sich heransaugt, so daß man das eine Unbekannte gegen das andere tauscht, sich selbst und das Auto umdreht und über die Fahrspur zum Highway zurückrumpelt und von dort zum Ozean, sandige, fast unbefahrbare Straßen, blutrot, auf denen der kleine Mitsubishi wie ein Kinderwagen hin und her tanzt und so tut, als würde er gleich umkippen, bis wir zum Ozean kommen und zwischen den Mangroven im schlammigen Wasser nicht die Krokodile sehen, die manchmal hervorschießen, um Poseidon den sorglosen Hund eines Spaziergängers zu opfern. Kein Witz. Ein Schild macht in Gestalt eines Dreiecks mit Ausrufezeichen darauf aufmerksam: *Crocodile Safety – Danger!* Darunter ein Krokodilkopf mit weit aufgerissenem Maul. Und als wäre das noch nicht genug, hatte ich das Foto der jungen, vor Gesundheit strotzenden Ginger Meadows vor Augen, die direkt vor ihren Freundinnen von einem Krokodil unter Wasser gezogen wurde und nicht mehr auftauchte. Sie lacht auf diesem Foto, sitzt auf dem Achterdeck eines kleinen Boots, weiße Nikes, weiße Socken, die langen braunen Beine gekreuzt, das Wasser hinter ihr glänzend, die australische Fahne darüber auf einmal viel zu rot.

Schroffe, vielfarbene Felsen stehen hier, bizarr geschliffene Riesen mit Dolchen und Schwertern. Es ist Niedrigwasser, der Strand flach, niedrige Bäume, vom Wind oder der Brandung landeinwärts gedrückt, wie in Schlachtordnung stehen sie bis zu den Knien im Wasser. Die Natur brauchte nie jemanden, war immer selbst Bildhaue-

Roebuck Bay. Felsformationen und Mangrovenwälder

rin, Surrealistin, Lieferantin von Pathos und Unheil, Stoff für die merkwürdigsten Träume, Formen, die bei Nacht wiederkehren werden, wenn der tropische Sturm an den plötzlich so verwundbaren Holzwänden des Motels rüttelt und die Erinnerungen an die zerstörerischen Zyklone von damals und dann wachruft, die schlimmer waren als irgendein japanischer Angriff.

Der nächste Morgen, sehr früh. Jetzt aber wirklich nach Fitzroy Crossing, so tun, als würde ich weiterfahren, vielleicht sogar bis nach Darwin. Ich weiß, daß es so nicht ist, doch das Gefühl ist da. Eintönig, im wahrsten Sinne des Wortes: alles in *einem* Ton, dem eines Motors, der die Geschwindigkeit hält, weil schneller oder langsamer keinen Sinn hat. Hier ist alles lang. Dann und wann ein *roadtrain*, ein riesiger Truck mit bis zu drei gigantischen Anhängern. Einen Moment lang sieht man die mächtige Gestalt hinter dem großen Lenkrad und muß sein eigenes fester fassen, um dem Luftdruck standzuhalten. Häuser: keine, Radfahrer: keine, Autos: wenige, kein einziger Fußgänger. Einmal ein Pick-up mit einer Gruppe zerzauster Aborigines. Um in ihr Gebiet zu fahren, braucht man eine Genehmigung, man muß sich schriftlich anmelden, diesmal wird es nicht klappen, ich fahre nur nach Fitzroy Crossing.

Um die Tiefe dieses Landes zu ermessen, muß man in das Unsichtbare hinein. Vielleicht ist es das, was der Mann in dem Sportwagen gemeint hatte, nicht nur, daß man letztlich immer an der Oberfläche bleibt, sondern daß es Orte gibt, an denen die Vergangenheit derart mit dem gesättigt ist, was zerstört wurde und trotzdem geblieben ist, daß das Gebliebene so sehr von Mythen und Tabus umgeben ist, daß man deren Wirklichkeit allen gutgemeinten Übersetzungs- und Erklärungsversuchen zum Trotz nie mehr wird ermitteln können. Eine kodierte Kunst voller Geheimnisse, die nicht mit dem übereinstimmt, was an der Oberfläche dieser Gesellschaft sichtbar ist – im Grunde so etwas wie ein sakraler Grundton, der sich in eine

Welt ohne Geheimnisse verirrt hat. Auf der Karte ist alles unermeßlich, ein halbes Leben würde nicht ausreichen. Alles, was ich tue, ist, einen Kratzer darauf zu hinterlassen, nie habe ich etwas anderes getan. Wenn man lange genug weiterfährt, ist es nicht mehr das Auto, das sich bewegt, sondern die Straße, ein schwarzes Band, das nach Teer riecht und unaufhörlich unter einem weiterläuft.

Nach Stunden das Willare Bridge Roadhouse. Drei grüne Tanksäulen, ein kleiner Supermarkt. Man kann hier essen, man kann hier auch schlafen. Ich gehe außen am Haus entlang Richtung Toiletten. Viereckige Kästen von Klimageräten, Fenster, zugeklebt mit Pappe, Schädel mit gekrümmten Hörnern, schwarze Augenhöhlen aus gebleichten Knochen, Türen mit metallartiger Gaze gegen die Insekten. Die Verlockung, zu bleiben, zu sehen, wie die Zeit verrinnt und wie man selbst verrinnt und aufhört zu zählen. Doch ich muß nach Fitzroy Crossing und den Fluß überqueren, und wenn ich dort angekommen bin, werde ich umkehren und gegen die Zeit zurückfahren, jeden einzelnen Meter, der dann anders aussehen wird. Und dann habe ich die Erinnerung bei mir von Sandbänken im dunklen Wasser, dem Schatten von Eukalyptusbäumen mit ihrer abschilfernden Haut, der Brücke auf hohen, breitbeinigen Holzpfählen, einem niedrigen Gebäude mit primitiven Bildern von schwarzen Menschen auf Pferden, einer Galerie mit Aborigines-Kunst, die irgendwann öffnen wird, jetzt aber noch nicht, einem dunklen Laden mit allem möglichen im Schein des Neonlichts, Jeeps, die mit Menschen angefahren kommen, die Ferne und Isolation in ihren Gesichtern haben und einen zu dem Fremdling verurteilen, der man bleiben muß, der zurück muß in seine eigene Welt mit dem Gefühl, vor etwas zurückgeschreckt

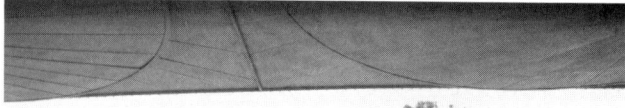

Willare Bridge Roadhouse

zu sein, das mächtiger ist als er selbst, eine Unmöglichkeit, die er herausgefordert hat, die sich aber zum sovielten Mal wieder als stärker erwiesen hat, Sehnsucht nach einer ewigen Bewegung ohne Ankunft und Aufbruch.

Auf der Karte geht der Great Northern Highway weiter. Der nächste Ort heißt Gilaroong, dann kommt Eight Mile gegenüber der Donald Plain, im Weiß der Karte lese ich Ngalingkadji, Christmas Creek, Ngumpan Cliff, jeder Name eine ausgeschlagene Einladung, hinter dem Horizont zu verschwinden. Morgen werde ich darüber hinwegfliegen zur anderen Seite des Kontinents. Dann ist alles unter mir Wüste mit den Farben der Wüste, es wird aussehen wie Sand und Kalk, und alles wird einen Namen haben, der nach Rückkehr ruft, bis es keine Rückkehr mehr gibt.

Was ich mitnehme, ist der Gedanke an den 3. März 1942, an hilflose Dorniers, durchlöchert im Wasser, das Grab eines Kindes im Sand, an Aborigines-Frauen, die sich Tabak kaufen konnten für glitzernde Steine, an Iwan Smirnow, der seine angeschossene DC-3 in die Brandung steuerte, so daß das Feuer im Triebwerk gelöscht wurde, an Perlentaucher und Strandräuber sowie die Geschichte und das Schicksal von Menschen in einem fernen tropischen Winkel am anderen Ende der Welt, wo die Straßen breit sind und die Häuser niedrig unter mächtigen Bäumen, die ihren Schatten weit ausbreiten über alles, was sich darunter bewegt.

4

Mexikanische Fragmente

Guadalajara

Am Vorabend meiner Reise Bilder aus dem mexikanischen Parlament. Raufende Abgeordnete, ungestümes Temperament, Fausthiebe, Straßenschläger mit Krawatte. Die Opposition hält die Tribüne besetzt, auf der laut Verfassung der neue Präsident in sein Amt eingeführt werden soll. Die Partei des neuen Präsidenten will verhindern, daß diese Zeremonie verhindert wird. Mexiko hat eine bewegte Geschichte, ein Abenteuer mit zwei Präsidenten hat darin auch noch Platz. Ich freue mich auf morgen. Es bleibt während des gesamten elfstündigen Flugs hell, die ganze Welt unter einer Wolkendecke, der Ozean, Grönland, Neufundland, Kansas, Chihuahua, überall Wolken in Formation, graue Geschwader, langsam vorrückende Volksarmeen, zuweilen auch phantastische, groteske Einzelkämpfer, die über der Masse dahinziehen, Wolken, mit denen ich gern mal reden würde.

Am Tag darauf ist es für mich noch immer gestern. In Guadalajara ist es Abend, für mich tiefe Nacht. Mein *anfitrión*, wie man hier sagt, steht mit dem Wagen der FIL bereit, der Feria Internacional de Libros, des großen Bücherfests. Er ist Professor an der Universität Guadalajara und bringt mich in mein Hotel. Subtropische Dunkelheit, endlose Straßen. Ich habe nicht gewußt, daß Guadalajara so groß ist. Fünf Millionen Einwohner, sagt er, aber es könnten auch mehr sein. Die Menschen, die an den Rändern der stetig wachsenden Stadt Land besetzen und demzufolge keine Strom- und Wasserversorgung haben,

werden nicht mitgezählt. Die Pattsituation im Parlament dauert an, wie ich auf den Fernsehschirmen sehe, als ich das Hotel betrete. Drei Tage schon kampieren die Abgeordneten auf der heiligen Tribüne. Jetzt hat das Land drei Präsidenten. Fox, Calderón und López Obrador. Der erste muß bleiben, bis der zweite in sein Amt eingeführt ist, und der dritte sagt, nicht der zweite, sondern er selbst sei der rechtmäßige Nachfolger, da der Wahlsieger Betrug begangen habe.

Nächster Tag. Die Fahrt ins Zentrum dauert fast eine Stunde. Die Stadt ist so groß, daß ich nicht weiß, wo ich anfangen soll. In der Dritten Welt taucht man immer in eine andere Zeit ein. Das stimmt so natürlich nicht, es ist die eigene Zeit, nur laufen die beiden nicht synchron. Was ich als erstes sehe: Auf einem Bürgersteig in der Nähe des Gerichtsgebäudes sitzen *echte* Schreiber, keine Schriftsteller, sondern solche, die von anderen gebraucht werden, um für sie zu schreiben. Es hat ein wenig Ähnlichkeit mit Beichten. Der Schreiber sitzt hinter seiner Maschine unter dem Säulengang, vor ihm der Beichtende mit seiner Geschichte. Er selbst kann nicht schreiben, das muß der andere für ihn tun, der hat das gelernt. Die Selbstverständlichkeit ist dahin, es gibt zwar Worte, aber keine Schrift. Ich weiß nicht, warum diese Szene mich so rührt. Worum geht es? Ein Plädoyer, ein Gesuch, einen Liebesbrief? Man muß einem anderen schon sehr vertrauen, wenn man bereit ist, sich so auszuliefern. Und der andere? Der könnte natürlich ein Buch über all das schreiben, was er so hört, doch das tut er nicht, er ist auch so schon Schreibender genug.

Die Kathedrale. Mächtig, barock. Überragt alles, der Moloch, der hier alle früheren Götter verdrängt hat. Drinnen ist es kühl. Ein Mann umklammert die Knöchel eines barfüßigen Heiligen und bittet ihn um etwas, weltverloren, ein Mann, der zu einer Statue spricht. Wie immer ist mein Blick durch kürzlich Gelesenes verformt. In *The History of Love* von Nicole Krauss gibt es eine Passage über Hände, über die Vielzahl möglicher Bewegungen, die man mit den feinen Knochen von Fingern und Händen ausführen kann. Auf einmal sehe ich die Heiligenfiguren um mich herum mit anderen Augen. Christus am Kreuz hat die Hände nicht frei, aber auch so drücken sie immensen Schmerz aus; Franziskus faltet sie, andere Figuren segnen, legen dar, fragen, das große Theater menschlicher Gebärden. Nur bei den Buddhisten findet man das sonst noch, Muslime und Protestanten haben die Darstellung von Menschen abgeschafft und damit die Distanz zum menschlichen Maß vergrößert. Ein alter Mann fegt

157

den ohnehin schon so sauberen Boden um den Altar, bis er eine glänzende Eisfläche ist, ich starre auf die uralten Geschichten in der Sprache des spanischen neunzehnten Jahrhunderts mit ihrer Grammatik aus Gips und süßlichen Farben und höre durch die offenen Türen das schwere Dröhnen der Stadtbusse, auf deren Konto die Hälfte des erstickenden Smogs geht.

Gemüse, Gräser, Kräuter, Früchte, Düfte und Farben in tropischer Üppigkeit, bleiche Käselaibe, so groß wie Wagenräder. Der Markt, Zentrum des Alltagslebens. Eines wird man hier nicht finden: die Scheinheiligkeit der Leugnung, die im entwickelten Norden inzwischen allgemein verbreitet ist. Bei uns hat ein Tier vielleicht gerade noch eine Leber, doch schon lange keinen Magen, keine Eingeweide, kein Euter, keinen Kopf mehr. Man sieht es den nördlichen Reisenden, Amerikanern, Europäern an. Wie sie beim Anblick des Innenlebens von Bruder Bock oder Schwester Kuh zurückschaudern, eine Angst, die im Grunde die Angst vor dem Tod ist. Wir haben uns der Wirklichkeit dessen, was wir essen, entfremdet, nichts darf mehr zu erkennen sein. Da liegen sie, verschüchtert und verwaist, aber in großer Schönheit, die rosa Kuhfüße mit ihren gespaltenen Hufen, die langen Girlanden glänzender Därme und die geometrischen Waben der Magenwände, die dahängen wie frischgewaschener Molton. Die Preisliste läßt keinen Zweifel offen, weder hinsichtlich der Günstigkeit noch in bezug auf die Ware selbst, Kopf, Euter, Maul, Zunge, Lippe, *cabeza 3,50 pesos, tripa/ubre 4,50, labio, trompa 4,50, lengua 6,00*, und im Vergleich dazu das Beefsteak für lediglich *5 pesos*. Nichts von alldem wird man noch in einem amerikanischen Supermarkt finden. Dort sah ich

Guadalajara, Markt, rosa Kuhfüße

Leber, Nieren, Herz und Lammhackfleisch in der Abteilung für Katze und Hund. Wir haben dafür nur noch marokkanische Schlachter. Auf Märkten ist auch heute noch viel zu lernen.

Noch immer in Guadalajara. Manchmal, wenn ich die Augen vor den so anderen Bäumen und die Ohren vor dem so anderen Spanisch der Leute um mich herum schließe, wähne ich mich in Spanien. Ich gehe über den offenen Tapatía-Platz zum streng neoklassizistischen Bau des Hospicio Cabañas. Autos dürfen hier nicht fahren, dafür spielen Kinder in Kreisen, Reihen von bronzenen Fröschen spritzen Wasserbögen in die schwüle Luft. Ein moderner Künstler hat eine goldfarbene Königsgestalt entworfen, auf deren Schoß man sitzen und aufs Hospicio blicken kann. Streng ist es, das stimmt, aber auch wohltuend durch die Reinheit der Linien, den Anblick von Klarheit im Chaos der Stadt, einer Klarheit, die sich innen fortsetzt. Mit seiner gigantischen Kuppel und den dreiundzwanzig Innenhöfen ist dies das größte Kolonialgebäude

Guadalajara, Hospicio Cabañas,
Wandgemälde von José Clemente Orozco

ganz Lateinamerikas, 1805 von Bischof Juan Cruz Ruiz de
Cabañas als Waisenhaus gegründet und von Manuel Tolsá
erbaut. Wie muß sich der Maler José Clemente Orozco ge-
fühlt haben, als ihm 1937 das gesamte Innere der früheren
Kapelle für seine Fresken zur Verfügung gestellt wurde?
Es ist das rhetorische Zeugnis eines Künstlers mit einem
Anliegen: Terror, Kolonisierung, Gewalt, die dramati-

sche Geschichte seines Landes schreit in Schwarz, Bleigrau und Rot von den Wänden, es läßt einen nicht unbe-
rührt. In der hohen Kuppel brennt *El hombre de fuego*, der
Flammenmann, umringt von drei riesigen grauen Män-
nergestalten, die um den Mann im Feuer kreisen wie in
einem Sternbild. Siebenundzwanzig Meter über einem lodert diese Darstellung, man möchte sich fast auf den Boden legen, um alles besser zu sehen. An den Seitenwänden
Philipp II., der sich an ein Kreuz klammert, Bilder von Eroberung, Fremdherrschaft und Diktatur, von Folter und
Stacheldraht, den »Phantasmen der Religion im Bund mit
dem Militarismus«, dem »Karneval der Ideologien«, dieser
Maler wußte, was er sagen wollte, und zu wem.

Draußen, auf den Innenhöfen, herrscht plötzlich eine unirdische Ruhe, Symmetrie ohne irgendeine andere
ideologische Botschaft als sich selbst, Säulenreihen, be-
schwingte neoklassizistische Bögen wie ein Andante von
Mozart, rechteckige Wasserbecken, in denen sich der azur-
blaue Himmel ohne die geringste Kräuselung spiegelt. Die
Großstadt summt in der Ferne, die Geschichte hat Ferien.

Auf gut Glück einen Bus genommen. Manchmal erinnert
mich die Architektur an Los Angeles, aber natürlich verhält es sich andersherum: Der Süden ist in den Norden
vorgedrungen. Mit den Menschen geht auch die Sprache und die Architektur. Die Grenze ist porös, das nörd-
liche Nachbarland eine Festung, die nicht zu verteidigen
ist, die langsame Osmose der schleichenden Völkerwan-
derung ist dort genausowenig aufzuhalten wie in Europa.
Und als müßte dafür der Beweis erbracht werden, komme
ich etwas später an diesem Tag am amerikanischen Kon-

sulat vorbei. Eine lange Schlange Wartender vor den hohen Gittern. Draußen hängen riesige Schilder mit Listen all dessen, was man nicht mit ins Gebäude nehmen darf, wenn man einen Visumantrag stellen will. Die Liste riecht nach Angst, sie führt fünfzig Gegenstände auf: Handys, Regenschirme, Feuerzeuge, Medikamente, Parfüm, Spielzeug, Zigaretten, Streichhölzer, Kameras ... Die Verteidigung einer Supermacht gegen Spazierstöcke, Krücken und Feuerzeuge.

Wer etwas über die Lebenden wissen will, muß die Toten aufsuchen. Friedhöfe sind immer Romane, dieser freilich, Belén (Bethlehem), ist ein Roman aus den letzten beiden Jahrhunderten und eigentlich selbst am offensichtlichsten tot. Anscheinend wird hier schon seit Jahren niemand mehr beerdigt. Am Eingang steht eine fröhliche Puppe mit grinsendem Totenkopf, in den Armen eine schwarzgekleidete elegante Frau, als würden sie tanzen gehen. Mexikaner haben ein seltsames Verhältnis zu Freund Hein, sie haben ihn (im Spanischen ist der Tod allerdings eine Frau, *la calavera*, was dem Tanzpaar etwas Eigenartiges gibt) tief in ihr Leben eindringen lassen, er hat zwar eine Sense, ist aber doch ein fröhlicher Typ, vor dem man keine Angst zu haben braucht. Alles hier ist ein Dorado für Ruinenliebhaber. Abgesackte Grabmale mit verblichenen Namen, manche Grabplatten schamlos offen, Sandboden unter den Eukalyptusbäumen, wer hier liegt, ist doppelt tot. Kleine Tauben fliegen umher, Kinder spielen zwischen den windschiefen Gräbern, eine schneeweiße Katze putzt sich auf einem bemoosten Sarkophag, ich lese Bruchstükke von Namen und vergangenen Titeln, Beschwörungen des Jenseits, halb ausgelöschte Jahreszahlen, als wollte jemand beweisen, daß an diesem Ort die Zeit nicht mehr gilt. Ich kann nichts dafür, ich finde es hier behaglich, zwischen all diesen Ruinen herrscht die unweltliche Ruhe eines Traums ohne Ende.

Die große Buchmesse wird abgebaut. Manchmal ist Abbau die beste Methode, etwas zu sehen. Ein Bücherfest in einem Land, in dem viele nicht lesen können. Die Menge will noch nicht weg, auch ich nicht. Menschen liegen auf orangefarbenen Kissen und lesen, oder schlafen, ein Buch in den Armen, ermüdet von so viel Angebot. Für Kinder gibt es eigene Räume, wo sie schreiben, lesen, zeichnen können. Ich spaziere unter hoch aufgehängten Schriftstellerporträts und Gazetüchern, auf die Seen und verschneite mexikanische Landschaften projiziert sind. Das Imperium ist auch hier präsent: Google, Microsoft, McGraw Hill, Thomson, MacMillan, aber was ich nie vergessen werde, sind die Gier, das so sichtbare Verlangen nach Wissen, und all die Bücher, die nie in Europa ankommen werden, Lokalgeschichte, Gedichte in indianischen Sprachen, die den Ozean nicht überqueren werden, das Festhalten an einer eigenen Welt, die von der Globalisierungsgewalt noch nicht ins Abseits geschoben wurde. Draußen berichtet ein schreiendes Radio auf einem Gerüst über riesige Lautsprecher von der soundsovielten Wendung im Präsidentendrama, es ist Vollmond, Indiofrauen verkaufen an kleinen Wagen verschiedene Eßwaren, und gemeinsam mit dem Rest der Menge treibe ich weiter über die Avenida de las Rosas. Morgen lasse ich den Trubel hinter mir und reise nach Uruapan, in die Stille des Sees von Pátzcuaro und des Landes außerhalb der Stadt.

Da steht sie, alt, entschlossen und böse in ihrem violetten T-Shirt, auf der Plaza Vasco de Quiroga in Pátzcuaro. Sie hat eine Beschwerde, und die steht in großen Lettern auf dem Plakat, das sie vor dem Tor des Rathauses in die Höhe hält, damit jeder es lesen kann. Bürgermeisterin Mercedes Calderón ist korrupt, das Wahlvolk wurde von den Korrupten in die Falle gelockt, und gekapert hat die kostbaren Stimmen Mercedes. Die Zeitung von heute hat nationale, größere Sorgen. Es gibt nach wie vor einen Gegenpräsidenten, der Aufruhr der Linken in Oaxaca ist noch nicht beendet, Drogenbanden haben irgendwo im Westen die Polizei mit Maschinengewehren angegriffen, ein richtiger Krieg. Hier auf dem großen Platz ist davon nichts zu merken. Vasco de Quiroga, der Bischof, der die Stadt vor Jahrhunderten gegründet hat, steht auf einem hohen Sockel in einem großen Wasserbassin, an dessen Rand sitzen Mädchen und erzählen sich gegenseitig Geschichten, die er nicht hören kann. Alte Männer mit Gitarren und Geigen, weiße Hüte auf dem Kopf, gehen unter den hohen Bäumen umher, Kinder kaufen ein Eis bei der Nevería la Pacanda, alles ist friedlich und ruhig bis auf die kleine Demonstration vor dem *registro civico*. Ich bin durch Michoacán hierhergefahren. Weite Landschaften, unendliches Grasland mit schwarzem Vieh, ein großer, stiller See von der Ausdehnung einer niederländischen Provinz. In der Posada de Don Vasco habe ich Quartier bezogen. Ich hätte auch La Casa Encantada nehmen können, das Verzauberte Haus, oder La Mansión de los Sueños, das Große Haus der Träume, aber es ist gut hier, etwas außerhalb der Stadt, Galerien mit roten Sandsteinsäulen um ei-

Demonstration in Pátzcuaro

nen ruhigen Innenhof, Blumen, Palmen, Schatten, Ruhe und Stille. Die Straßen sind schmal, dies ist das alte indianische Herzland, Pátzcuaro der bedeutendste Ort für die Menschen vom großen See. Nach Guadalajara ist dies ein anderes Mexiko, ich habe das Gefühl, erst jetzt angekommen zu sein. Als ich weit vom Zentrum abkomme, sehe ich in der Ferne die Berge. Bei der großen Basilika ist Jahrmarkt mit lautstarker Musik, Buden voll rosa Puppen und Weihnachtskugeln, doch ein paar Straßen weiter ist davon schon nichts mehr zu merken. Ich besuche das Haus der Elf Innenhöfe und lande in einem uralten Spanien, in dieser Stille könnte man Stunden zwischen den Blumen sitzen und denken, es sei noch immer 1600. Es gibt alles mögliche zu kaufen, indianische Web- und Töpferwaren, Erzeugnisse des Kupferschmieds, Körbe aus geflochtenem Schilf, aber niemand behelligt einen. Einst lebte hier eine alte Nonne, die geglaubt haben muß, das Paradies befinde sich auf Erden. Auch in der nahe gelegenen Kirche ist die Zeit stehengeblieben, die Heiligenfiguren sind bekleidet wie richtige Menschen, und vielleicht wirkt deshalb das Leiden so echt, Christus ist ein Mann in Violett, der vor Schmerzen vergeht, man verspürt die Neigung, ihn zu berühren. Das gesamte Pantheon steht hier in den vorgeschriebenen Haltungen parat mit den jeweiligen Attributen der Unschuld und des Märtyrertums, die in hundert Jahren niemand mehr erkennen wird. Das Banner des himmlischen Sieges, der Sohn Gottes jetzt in einer anderen Gestalt, sein Herz wie ein Gegenstand vorn auf der Brust, der Engel mit den Fledermausflügeln und der Lanze, um den wütenden Drachen zu seinen Füßen zu töten, Märchenfiguren aus einer anderen Kultur, die die Mythologie der Indios abgelöst hat. Wie das vor sich gegangen ist, sieht man in der Biblioteca Gertrudis Bocanegra. Auf dem Wandgemälde Worte, die genauso direkt sind wie das Plakat der alten Frau auf dem Platz, hier nimmt man kein Blatt vor den Mund. Der Raum unter dem Tonnengewölbe ist lang und schmal. Es gibt Lesepulte, aber das Licht darüber funktioniert nicht. Der Katalog befindet sich in schmalen Schubladen mit abgegriffenen maschinenge-

Pátzcuaro, Biblioteca Gertrudis Bocanegra, Wandgemälde von 1941

schriebenen Karteikarten. Der Bibliothekar ist eingeschlafen, den Kopf auf den Armen. Die Bücher riechen nach sehr alten Büchern, lediglich in einer entfernten Ecke stehen drei Computer, der Geist des Wandgemäldes von 1941 ist ein Geist geblieben, voll guter Absichten und hochfliegender Rhetorik, doch die Wirklichkeit draußen ist nach wie vor eine Wirklichkeit nie eingelöster Versprechen. Das Wandgemälde selbst, an der Mauer dessen, was früher die Apsis der Kirche gewesen sein muß, erzählt die Geschichte des Volkes, der Purépecha, das hier früher gelebt hat und die Sonne und den Mond als Götter verehrte. Die Sonne befruchtete tagsüber die Pflanzen, der Mond hielt nachts Wache, ein Ehepaar, das auf erotische Genüsse verzichtete, um die Welt in Gang zu halten. Die Geschichte läuft von oben nach unten, der Vulkan, die ersten Indiostämme, die hierherkommen und sich rund um den vielfarbenen See ansiedeln, in dessen Mitte die Insel namens Janitzio liegt,

Marterung Gertrudis Bocanegras,
Fresko in der nach ihr benannten Bibliothek

»das trockene Haar des Maiskolbens«. Der gesamte Kosmos der Purépecha ist hier dargestellt, der Grabhügel, in dem sie die Gefangenen ihrer fortwährenden Kriege bestatteten, die lieber hatten sterben wollen, als Sklaven zu werden. Später kommen andere Gegner, die spanischen

Konquistadoren mit ihren grauenhaften Folterpraktiken, mit denen sie entgegen ihrem Versprechen den letzten König der Purépecha zu Tode brachten. Sein Ende ist ebenfalls dargestellt, der an einen Pfahl gebundene König wird auf Befehl des Sadisten Nuño de Guzmán mit der Garrotte erwürgt, einem eisernen Band, das langsam immer fester angezogen wurde. Spanische Traditionen sterben langsam. Bis in die zweite Hälfte des vorigen Jahrhunderts hinein wurden Menschen während des Franco-Regimes auf diese Weise umgebracht. Das gemalte Unheil nimmt kein Ende. Rechts von mir, fast auf Augenhöhe, sehe ich Cortés, der sämtliche Dokumente und Chroniken der indianischen Völker verbrennen ließ, die der Nachwelt etwas über die Zeit vor der Eroberung durch die Spanier hätten berichten können. Farbe auf einer Wand, die die Geschichte eines Landes und eines Volkes erzählt, den Unabhängigkeitskampf gegen die Spanier, die ihren gestohlenen Besitz nicht wieder hergeben wollten, Hidalgos Schrei, der 1810 die Unabhängigkeit Mexikos einleitete, den Märtyrertod der Indiofrau Gertrudis Bocanegra, die ihren Namen dieser Bibliothek gegeben hat und einst, 1817, auf ebendiesem friedlichen Platz hingerichtet wurde, auf dem der Bischof noch immer auf seinem Sockel steht. Daß er anders gehandelt hätte, will das Gemälde auch noch erzählen. Zwei scheinheilige, korrupte Spanier knien vor ihm, doch er deutet auf *Utopia*, das Buch seines Beinahe-Zeitgenossen Thomas More, der hinter ihm steht.

Die Utopie hat sich für Mexiko nicht erfüllt. Aus der Brust von Gertrudis Bocanegra strömt Blut, ohne Blut geht hier gar nichts. Auf dem Schild, das neben ihr in die Höhe gehalten wird, steht ein prachtvoller Text aus der ersten mexikanischen Verfassung, und doch stimmt hier etwas nicht. Jetzt, da ich auf Augenhöhe mit ihm stehe, lese ich, daß er die Kirche, die auch heute noch eine gebieterische und konservative Rolle in der Politik Mexikos spielt, so ungefähr für heilig erklärt, weil sie das einheimische »Götzentum« ausgerottet hat. Das konnte sie freilich nur Hand in Hand mit den Eroberern tun. Ein anderes Schild, das merkwürdigerweise im Begleitführer nicht erwähnt wird, aber so niedrig hängt, daß ich den Text lesen kann, sagt es ganz ungeschminkt: Die Konquistadoren haben die Indios zu Märtyrern gemacht, ausgeraubt und zu Sklaven und Bettlern erniedrigt.

Einige Stunden später sitze ich zwischen deren Nachfahren in einem der langen, schmalen Boote, die über den See zur Insel Janitzio und wieder zurück fahren. Auf Janitzio und in den Dörfern rund um den See wird alljährlich zu Allerseelen ein indianischer Totenkult begangen, dessentwegen Leute aus ganz Mexiko auf die Insel kommen, wer dabeisein will, muß schon Monate vorher einen Platz bestellen. In der Nacht fahren die Boote mit singenden Menschen auf dem See hin und her, geschmückt mit brennenden Kerzen und Blumen. Es ist die Nacht der Toten, sie werden gerufen, bekommen Geschenke, man läßt sie nicht allein in ihren Gräbern, jeder besucht sie. Die Indiofrauen um mich herum haben sich in ihre gewebten Umschlagtücher gehüllt. Die Insel liegt als vager Schemen in der Ferne, das Wasser glänzt wie ein polierter Glasfußboden. Wir warten. Die Frau neben mir hat ein Gesicht aus tausend Falten über einem karminroten Tuch. Sie sitzt während der ganzen Fahrt unbeweglich da. Ich lese die Namen der anderen Boote, *Gaviota*, *Victoria III*, *Zezanguri*. Ein fröhlicher Eismann kommt an Bord. Auf einer

Morelos-Standbild auf der Insel Janitzio

Holzkiste steht, daß das Eis von Puzumaro in der ganzen Welt berühmt ist. »¿Pruebas?« fragt er, und das bedeutet, daß wir alle einen Happen zum Probieren bekommen. Das Wasser schwappt gegen die Stahlwände des Bootes. Es hat kein Ruderhaus, nur einen Stuhl hinter dem Steuer mit einem kleinen Spiegel darüber, an dem ein Kruzifix schaukelt. Ich lese die Zeitung vom Morgen. Dieses Jahr bisher 700 Tote im Drogenkrieg.

Unterwegs weiße Reiher zwischen den Schilfstengeln im bräunlichen Wasser. Als wir ankommen, entpuppt sich die Insel als überraschend hoch. Über allem ragt die Statue von Morelos auf, dem Priester, der gemeinsam mit Hidalgo der große Held der mexikanischen Geschichte ist. Wer zu ihm will, muß endlose Treppen erklimmen, man sieht den See immer tiefer unter sich, kommt vorbei an einem Friedhof mit hellfarbenen Gräbern, als gäbe es hier jeden Tag ein Fest, und schließlich, gerade als man aufgeben will, steht man oben vor dem Standbild eines Riesen, das aus Quadern erbaut ist. Sogar die Hand, mit der der steinerne Gigant die Verfassung Mexikos schrieb, ist zu einer Faust geballt, die aussieht wie ein quadratischer Block. Zu seinen Füßen Kanonen und ein bronzenes Buch, größer als ein Mensch, in dem die Sätze seiner Verfassung geschmiedet stehen. Sein Kopf ragt weit in den blauen Himmel hinein, aus dieser Höhe muß er ganz Mexiko überblicken können. Ob er zufrieden wäre mit dem, was er sähe? Würde er es wiedererkennen? *Labyrinth der Einsamkeit* hat der Dichter Octavio Paz sein Land einmal genannt. Der Weg, den es seit Morelos' Tod zurückgelegt hat, ist gewaltig, eine Geschichte von Entwicklung, aber auch von Korruption, von Reichtum und Modernität, aber auch von Krieg und Revolution, Ausbeutung und Armut und deren Folgen, ein verborgener Guerillakrieg im Süden und die offene Flucht in das andere Amerika im Norden. Ich erinnere mich an ein Gespräch mit einem Freund in Mexico City. Er hatte mich vor Überfällen gewarnt, die manchmal auf Landstraßen vorkommen, zugleich aber gesagt, er betrachte das als eine Art Steuereintreibung, »weil wir nun mal keine Steuern zahlen«. Danach hatte sich das Gespräch den unvorstellbaren Kunstschätzen aus präkolumbischer Zeit zugewandt und der Geschichte der Azteken und Maya. Alles schön und gut, sagte er, aber du weißt ja, Geschichte kann man nicht essen und Ruinen auch nicht. Von beidem haben wir genug, und wir sind stolz darauf. Aber auch Stolz kann man nicht essen. Darum ziehen sie nach Norden, dort gibt es weniger Geschichte, aber mehr Geld.

Die Ruinen von Tzintzuntzan

Manche Wörter sind unwiderstehlich. »Tzintzuntzan«, wenn ich es laut ausspreche, habe ich das Gefühl, drei Treppen auf einmal hinaufzufliegen. Hier befand sich einst, lange bevor die Spanier kamen, die Hauptstadt der Tarasken, einer hochentwickelten Kultur, die in ständigem Krieg mit den Azteken lag. Ihre Nachfahren leben in den fast ausschließlich indianischen Dörfern rund um den See, ihre Sprache, das Purépecha, das noch immer gesprochen wird, stammt vom alten Tarascan ab. Tzintzuntzan bedeutet »Ort der Kolibris«. Ich wandere zwischen den Überresten der ehemaligen Hauptstadt umher. Es ist die tote Stunde des Mittags, die Kirche, in der der Christus liegt, der jedes Jahr aus seinem gläsernen Sarg gehoben wird, um von neuem gekreuzigt zu werden, ist geschlossen. Die Arme der Figur lassen sich ausstrecken, die Beine übereinanderschlagen, Pilger aus dem ganzen Land kommen in Ketten hierher, Freunde haben mir von den apokalyptischen Bildern erzählt, wenn der Leichnam des Gekreuzigten durch die dunklen Straßen des Dorfes zum großen verfallenen Garten an der Kirche von San Francisco getragen wird, eine makabre Prozession, die unter den unvorstellbar alten Olivenbäumen endet, die der Überlieferung zufolge im sechzehnten Jahrhundert gepflanzt worden sind. Man glaubt es sofort. Auf einem Podest im Freien sitzt eine große Klasse von Kindern, denen vorgelesen wird, ich höre den Singsang der Lehrerin im mexikanischen Spanisch und denke, so würde ich auch gern unterrichtet werden, mit einer menschlichen Stimme um mich, im Freien, unter fünfhundert Jahre alten Bäumen, die aus dem Spanien Karls V. von dem Bischof hergebracht worden sind, der auch heute noch auf dem großen Platz von Pátzcuaro steht. Außerhalb des Dorfes liegen die Ruinen, die ihre fernen Vorfahren hinterlassen haben, Las Yácatas, geheimnisvolle Konstruktionen aus Basalt und Vulkangestein auf einer weiten, freien Fläche hoch über dem See. Es ist hier sehr still, die anderen Besucher sind Figuren in der Ferne. In der Sprache der Purépecha und auf englisch wird einem auf großen Tafeln das Rätsel dieser Bauten näherzubringen versucht, eine Geschichte von Schädeln der Feinde, die man als heiligen Vorrat bewahrte, von Stapelplätzen, in denen die Könige beigesetzt wurden, doch alles, was ich sehe, sind gewaltige Bauten ohne Zugang und damit ohne irgendeinen anderen Inhalt als Erde und Schutt, Formen menschlicher Ordnung in der zufälligen Ordnung der Natur, runde, von Menschen aus Steinen errichtete Hügel, trapezförmige Terrassen, die auf düsteren, ohne Zement übereinandergeschichteten Basaltblöcken ruhen. Es gibt keinen Zugang und keine Antwort auf das, was man gern fragen würde, ein anderes Denksystem hat hier auf einer freien, hochgelegenen Fläche über dem ringsum ausgebreiteten Land und dem See mit den fernen Inseln da unten ein Zeichen gesetzt, das man am besten als das akzeptiert, was es ist – man legt die Hand an einen der großen Steine und denkt daran, daß andere Hände sie einst vor Jahrhunderten hingesetzt haben, einen nach dem anderen, und daß man so mit diesen menschlichen Händen verbunden ist, ohne daß je ein Kontakt zustande käme.

Morelia

Die heilige Jungfrau von Guadalupe ist die Schutzpatronin Mexikos. Ihre Kirche in Morelia muß daher schöner sein als alle anderen. Wenn Gold schön ist, dann stimmt das, denn in dieser Kirche ist alles aus Gold, es tanzt einem vor den Augen in Schnörkeln, Mustern, Rahmen, Decken, Tafelbildern, orgiastisch, in geometrischen Linien und Flächen angeordnet und gerade durch diese Ordnung hysterisch, ich habe das Gefühl, daß ich es einatme, daß ich innerlich mit Gold beschlagen werde.

Der Weg zur Kirche ist ein steinerner Weg, Stein von der Farbe der Landschaft draußen, karg, arm wie die Farbe der Ebene. Dann sehe ich, wie er näher kommt, auf dem langen Weg, den er ab dem Aquädukt auf Knien zur Kirche zurücklegen muß. Er ist etwa vierzig, kräftig gebaut, und er hat seinen Freund dabei. Er befindet sich auf dem Weg zu dem Gold, aber er tut Buße. Jedesmal, wenn er wieder die paar Meter vorangekommen ist, die der Teppich lang ist, hebt sein Freund diesen hinter ihm auf und legt ihn vor ihm wieder auf den Boden. Gold und Armut, Armut und Schmerz, Gold und Macht, durch eine geheimnisvolle Formel ergänzen sie sich hier gegenseitig. Wer kniet, er-

hebt sich nicht, auch nicht im übertragenen Sinn. Auf seinem T-Shirt die Initialen meiner Bank, ABN AMRO.

In der Kirche ein Wandgemälde des Franciscus Xaverius. Er stößt in heiliger Empörung eine indianische Götzenfigur um. Wer gesiegt hat, bringt den eigenen Gott mit, und diese Kirche ist seine goldene Grotte. Ein indianischer Priester ist im Begriff, ein Opfer zu durchbohren, das mit ausgestreckten Armen fast wie ein Gekreuzigter auf einem

Morelos' Wahlspruch

großen Stein liegt. Links darüber wird das Kreuz des Sohnes des neuen Gottes aus Spanien errichtet, der sich selbst geopfert hat. Auf dem nächsten Bild steht der Heilige barfüßig in der prachtvollen Landschaft und weist einigen seiner franziskanischen Ordensbrüder den Weg. Die bunten Federn eines indianischen Häuptlings liegen auf der Erde, er wird getauft. Ein ganzes Volk wartet hinter ihm auf dieselbe Behandlung. Im Himmel sieht Maria zu.

Aus Gold auch sie, die Gitter, aber doch Gitter. Wer sich dahinter befindet, ist gefangen, auch wenn er sich selbst eingeschlossen hat. Einst nahm Mexiko Abschied von der Kirche, die, wie immer, wiederkam. Auch die Nonnen gingen, um wieder zurückzukehren. Als sie zum zweitenmal gingen, ließen sie ihre Gitter zurück. Geschichte wird hier mit Blut und Gold geschrieben. An Morelos' Geburtshaus ist in goldenen Lettern zu lesen: »Sterben ist nichts, wenn man für das Vaterland stirbt.« Und so starb er, wie Hidalgo, vor einem Exekutionskommando. »Wo ich geboren bin, dort war der Garten des Neuen Spaniens.« Seine Unterschrift ist ein kalligraphisches Spinnennetz aus goldenen Linien. An der Kathedrale eine in sich gewundene barocke Verzierung. Aus dem Labyrinth gibt es hier kein Entrinnen.

Templo de la Merced, die Kirche der Gnade. Manche Tore sehen so aus, als könne man durch sie nur *ein*treten. *Estípite* heißt der Baustil der Pfeiler an dieser Fassade. Sie stehen für sich, als hätten sie nichts mit der Kirche zu tun. Irgendwo in der Mauer aus unbearbeitetem Stein eine durchbrochene Verzierung aus Ton, ein Rad in einem Rad. Ich habe ein halbes Leben in dem Spanien verbracht, das ich hier wiederfinde und das an der Macht über dieses Land festgehalten hat, bis es nicht mehr ging. Das jetzt unabhängige Mexiko führte einen verhängnisvollen Krieg mit Amerika, in dem es Texas und Arizona verlor. Was folgte, war ein unaufhörlicher Kampf zwischen gegensätzlichen Interessen, eine Geschichte von Revolutionen, Diktaturen und Reformen, dreißig Präsidenten in fünfzig Jahren, extremem Egozentrismus und Heldenmut.

Auch die Jesuiten wurden im neunzehnten Jahrhundert vertrieben. Aus ihrer Kirche ist eine Bibliothek geworden. Als ich hineingehe, ist der Straßenlärm plötzlich verschwunden. Aus einer hohen Kuppel fällt Licht. Bücher an allen Wänden, hier möchte ich sofort einziehen und alles lesen. Über mir ein Umgang mit einer hohen Balustrade, Bücher bis hinauf zur Decke. Um mich herum wird gelesen. Ich gehe an den Büchern entlang, jedes von ihnen

Morelia, Templo de las Rosas, Nonnenkloster

ein Universum, in dem ich mich verlieren könnte. *Die Annalen Italiens*, 43 Bände. De la Sagra, *Voyage en Hollande*. Lafuente, *Historia de España*, 24 Bände. Cuvier, über fossile Gebeine. Und 23 Bände *Geheime Memoiren*. Ich schlage einen von ihnen auf, aber da steht nicht, von wem die Erinnerungen sind. Geheim ist geheim.

Abend. Ich habe in der Bar de las Rosas gegessen, vier Tische mit Plastikdecken. Geschmortes Schweinefleisch in einer roten, scharfen Soße aus *achiote* und dem Saft von Bitterorangen. Schon seit Tagen steht eine Geige zum Verkauf. Die drei Frauen, die kochen und bedienen, lachen den Fremden an, der schon das dritte Mal hier ist und wieder *zapote* will, Eis, außen grün und innen schwarz. Draußen das trockene Krachen von Feuerwerk, dann die schweren Glocken der Kathedrale. Scheinwerfer setzen den Trachitstein und die blauweißen Kacheln der Kuppel in eine eigenartige Glut, das Auge schweift von Barock zu Klassik und wieder zurück, wie immer denke ich bei solch aufwärtsstrebenden Bauten an eine Raumstation.

Abend in Mazamitla

Auf dem Rückweg nach Guadalajara mache ich in Mazamitla halt. Es liegt in den Bergen, kalt ist es hier. Die Hauptstraße mit dem naßglänzenden Kopfsteinpflaster ist gesperrt, in Mazamitla wird gefeiert. Ein Mann auf einem Pferd zeigt mir den Weg zur »Herberge des Hügels der Nachtigallen«, Cabañas Cotina de los Ruiseñores, Zimmer mit Wänden aus Baumstämmen, ein Gefühl von Wildem Westen. Ich gehe ins Dorf zurück, aus allen Ecken höre ich Trommeln und Trompeten, indianische Gesichter unter großen Hüten und Mützen, eine Kinderarmee auf den Beinen, ernst ziehen sie durch die schmalen Straßen mit den niedrigen weißen Häusern. Dies ist eine Gemeinschaft, die ganz für sich lebt im weiten Land ringsum, anscheinend bin ich der einzige Ausländer, und ich lasse mich mit der lauten Musik zum Hauptplatz und dann zur

Kirche mit treiben. Überall riecht es nach Fleisch, das mit scharfen Pfefferschoten in *pulque* geschmort wird. Nonnen, Mädchen mit Blumen, der Priester in vollem Ornat, in der Kirche das hohe, hin und her flutende Wogen des Gesangs. Ich schaue auf all die weltverlorenen indianischen Gesichter und denke an das, was Alberto Manguel über seine Jugend in Buenos Aires gesagt hat: »Wir waren blind für die kupferfarbenen Gesichter, denen wir täglich auf der Straße begegneten und die immer zahlreicher wurden, je weiter wir uns von der Stadt entfernten.« Erst als er die Schriftsteller zu lesen begonnen hatte, die über die Armut seines Kontinents schrieben, waren ihm die Augen aufgegangen, und er konnte die andere Seite der Welt sehen, in der er lebte. Hier ist es nicht anders. Als ich lange nach Mitternacht durch den dichter werdenden Nebel nach Hause gehe, höre ich noch immer den Klang der Trommeln, der mich aus dem Dorf bis in den Schlaf verfolgt.

Die Farben von Campeche

Man kommt aus dem Trubel Mexico Citys angeflogen, die Maschine beschreibt einen weiten Bogen entlang einer flachen Küste, ein paar Stunden später geht man durch eine schmale Straße mit ockerfarbenen, himmelblauen, bonbonrosa- und sandfarbenen Häusern und glaubt nicht mehr, daß man sich noch im selben Land befindet. Über all diesen Farben wölbt sich wie eine hohe Decke das Himmelsblau, die gefallsüchtigen Häuser haben kleine geometrische Verzierungen, Fialen, Schnörkel und Kringel, plötzlich ist alles tropisch, die Zeit dehnt sich und läßt es langsamer angehen, man spaziert am Meer entlang und dann zum großen Platz mit den melancholischen hohen Bäumen, auf dem schon wieder ein Fest im Gange ist, Kinder tanzen und malen, Erwachsene lauschen einem Opernsänger bis spät am verzauberten Abend.

Bevor ich dorthin fuhr, hatte ich eine Ausgabe der Zeitschrift *Artes de México* gesehen, die sich mit Campeche befaßte. Der erste Eindruck war der eines Ortes, den es auf

Hausfassaden von Campeche

Erden nicht wirklich geben konnte, als schwebte die Stadt in einer eigenen Zeiteinheit, der sich der Körper anzupassen hatte. Fremde Städte haben ihr eigenes Gesellschaftsspiel, man kennt weder die Regeln noch die Spieler und bewegt sich hindurch als der Fremdkörper, der man ist, läßt sich von den Geheimnissen umspülen, liest die Lokalzeitung mit der lokalen Erregung, den Intrigen der kleinen und der großen Politik, und genießt, daß man zu alldem keine Meinung haben muß. Man wird Teil des festlich gestimmten Publikums, das herbeiströmt, um den berühmten Sänger aus der Hauptstadt zu hören, sieht den prächtig ausstaffierten Kindern zu, ißt etwas, trinkt etwas, lauscht dem leidenschaftlichen Orchester in einem Tanzschuppen. Die Stadt liegt langgestreckt am stillen Meer, ich höre das Flüstern des Wassers, als ich den endlosen Boulevard, den Malecón, entlanggehe. Die Silhouette der Stadt liegt links von mir, die Kathedrale, die festungsartigen Stadtmauern mit ihren *baluartes*, Bollwerken, aus denen früher Kanonenrohre zum Meer zeigten, gegen die Piraten, die die Stadt regelmäßig plünderten und verwüsteten. Ein Hinterland mit nie ganz befriedeten Indios, eine Bevölkerung aus Sklaven, Mestizen, Spaniern, Mönchen, Söldnern und Abenteurern, tropisches Klima im Regenwald, in dem die geheimnisvollen Ruinen der Maya in Gestalt gigantischer Steinmassen verborgen lagen, ganze und halbe Sätze kommen mit dem Wind aus dem Landesinneren angeweht, alles, was ich lese, hat etwas über die Vergangenheit zu erzählen, ich bin in ein kleines Museum in der *baluarte* San Carlos gegangen, wo ich schaue und lausche. *Haematoxylum campechianum* heißt der Baum, der den Farbstoff *palo de tinte* lieferte, der in jener Zeit weltweit zum Färben von Wolle gebraucht wurde und dem Campeche seinen Reich-

185

tum und das anhaltende Interesse von seiten der Spanier und der Piraten zu verdanken hatte. Der berühmteste und grausamste Seeräuber war Laurens Cornelis Boudewijn de Graaf, »Lorencillo«, der 1685 mit 700 Mann und 6 Schiffen die Stadt eroberte und dem Erdboden gleichmachte. Nichts will die Stadt mehr davon wissen, der niederländische Ahne sieht mich aus seinem romantischen Porträt an, als wolle er in seiner und meiner Sprache noch etwas zu mir sagen, doch ich bin bereits weitergeschlendert in eine noch ältere Vergangenheit und starre im Anthropologischen Museum auf das undurchdringbare steinerne Testament der Maya, querköpfige Männer mit Federschmuck, die nie frontal dargestellt sind, Götter und Krieger, die ich in derselben Woche in Uxmal und Chichén Itzá auf den Mauern ihrer abgebröckelten, halb im Urwald versunkenen Pyramiden wiedersehen werde, die mich so klein machen wie die einstigen Gefangenen und Untertanen.

»Und wenn der Tag gekommen war, versammelten sie sich im Hof des Tempels; sollte der Sklave mit Pfeilschüssen getötet werden, so zogen sie ihn nackt aus, bestrichen ihm den Körper mit blauer Farbe und setzten ihm eine Büßermütze auf den Kopf; nachdem der Teufel ausgetrieben war, vollführten die Leute mit ihm einen feierlichen Tanz, wobei sie alle mit Pfeil und Bogen den Holzpfahl umkreisten, während des Tanzes richteten sie ihn am Pfahl auf und banden ihn fest, dabei tanzten sie immer weiter und blickten ihn alle an. Der schmutzige Priester, der seine Tracht angelegt hatte, stieg hinauf und verwundete ihn mit einem Pfeil in der Schamgegend, gleichgültig, ob es eine Frau oder ein Mann war; er zapfte Blut ab, stieg herunter und bestrich damit die Gesichter des Teufels; dann gab er den Tänzern ein bestimmtes Zeichen, und sie liefen wie im Tanz schnell vorbei und beschossen der Reihe nach mit Pfeilen sein Herz, das mit einem weißen Flecken angegeben war; und solcherart richteten sie ihn sogleich dermaßen zu, daß er wie ein Igel aus Pfeilen aussah.«

Das Wort hat Diego de Landa, der Bischof von Yucatán, eine der Gestalten, durch die die Gespaltenheit einer Epoche sichtbar wird. Einerseits sind die Maya für ihn Heiden und Götzendiener, die er bekehren muß. Er ist kein »unheiliger«, sondern vielmehr ein heiliger Priester, weil sein Gott der wahre ist. Andererseits hat er nicht nur Blick für die Kultur der »Wilden«, die er dort vorfindet, sondern auch für das grausame Auftreten der Spanier, seiner Landsleute. Er vertieft sich in Sprache und Bräuche, Geschichte und Religion der Maya, ihr astronomisches Wissen und ihre faszinierende Zeitrechnung, und schreibt zwischen 1563 und 1572 sein Buch. Auf englisch heißt es *An Account of the Things of Yucatán*, und was wir von den Maya wissen, stammt in erster Linie von ihm. Derselbe Mann, der ihre Götzenbilder zerschlug, bewahrte gleichzeitig ihre Geschichte für alle Zeiten. Zwei fatale, absolutistische und ihrem Wesen nach grausame Systeme prallten durch die spanische Eroberung Mexikos aufeinander, und diese unglückliche Konfrontation hat das Schicksal Lateinamerikas bis zum heutigen Tag bestimmt. Denn wenn die Indios aus religiösen Gründen grausame Bräuche pflegten – ihre christlichen Beherrscher standen ihnen in nichts nach. De Landa ist der erste Berichterstatter und Chronist dieser Kultur, und seine Schilderungen vermitteln ein Bild von der sinnlosen und bösartigen Gewalt, die man auf diesem Kontinent bis heute nicht vergessen hat. »Die Indios nahmen das Joch der Knechtschaft widerwillig auf sich, doch die Spanier hatten die Orte so gut unter sich aufgeteilt, daß sie sich des ganzen Landes bemächtigten, obwohl es bei den Indios nicht an Aufwieglern fehlte, worauf sehr grausame Strafen verhängt wurden, welche die Leute einschüchterten. Einige Oberhäuptlinge der Provinz Cupul wurden lebendig verbrannt und andere erhängt. Es wurde ein Verfahren gegen die Einwohner von Yobain (...) eingeleitet, und man nahm die Oberhäuptlinge fest, legte ihnen Fußeisen an und sperrte sie in ein Haus, das man anzündete, und mit allergrößter Grausamkeit wurden sie lebendig verbrannt; und ich, Diego de Landa, kann sagen, ich habe in der Nähe des Ortes einen großen Baum gesehen, an dessen Zweigen ein Hauptmann viele indianische Frauen aufhängte und ihre kleinen Kinder an ihren Füßen. In demselben Ort und in einem zwei Meilen von ihm entfernten anderen, den sie Verey nennen, erhängte man zwei Indias, eine Jungfrau und eine Neuvermählte, deren einzige Schuld darin bestand, daß sie sehr schön waren und man befürchtete, das spanische Heer würde sich über sie hermachen, und die Indios sollten denken, den Spaniern seien Frauen gleichgültig; dieser zwei Frauen erinnert man sich bei Indios und Spaniern sehr lebhaft, weil sie außerordentlich schön waren und man sie so grausam umgebracht hatte.«

Wer waren die Maya? Bis weit ins neunzehnte Jahrhundert hinein waren die Europäer sich sicher: ein Volk, das von den Juden abstammte, die auf irgendeine Weise nach Mittelamerika gelangt waren, als wären sie einem Moses durchs Rote Meer gefolgt. 1839, 1840, 1841 und 1842 unternehmen John Lloyd Stephens, ein Rechtsanwalt und Diplomat, und der Zeichner und Architekt Frederick Catherwood zu Fuß ein paar lebensgefährliche, Monate dauernde Reisen in den Dschungel von Guatemala und Yucatán, auf denen sie von Malaria, Schlangen und Skorpionen heimgesucht werden. Sie bahnen sich mit Macheten einen Weg durch den Urwald zu den großen Ruinen der bereits Jahrhunderte zuvor untergegangenen Kultur der Maya. Daß diese Ruinen dort lagen, war bekannt, doch Catherwood sollte der erste sein, der im Zeitalter vor der Erfindung der Fotografie die majestätischen, vom Urwald halb überwucherten Relikte zeichnete, die unmenschlich hohen Treppen, die Skulpturen mit den grausamen Göttergestalten, die rätselhaften Reliefs, die sich erst soviel später als Sprache offenbaren sollten, wie auch erst später klar wurde, welch geniale astronomische Kenntnisse die Maya besessen und welche Rolle diese in ihrer großartigen Architektur gespielt hatten.

Säulen, Friese, Kragsteine, ineinander verschlungene geometrische Verzierungen, trotz seiner stets wiederkehrenden Malaria hat Catherwood sie auf mehreren Reisen für immer festgehalten, und als ich jetzt selbst in Uxmal und in Chichén Itzá stehe, versuche ich mir vorzustellen, welchen Anblick sie im Jahr 1840 geboten haben mögen. Es sind dieselben Ruinen, gewiß, und auch heute noch wird man förmlich von ihnen erschlagen, aber es gibt auch Schilder und Hinweise, Absperrgitter und Öffnungszeiten, Wächter und Verkäufer. Ich brauche mir meinen Weg nicht durch den Urwald freizuhauen, denn der ist verschwunden. Heiß ist es, unbestritten, ich komme durch verwahrloste Dörfer, esse in unbeschreiblich armseligen Buden am Straßenrand, doch in der Nähe der großen Tempelanlagen ist alles auf Touristen ausgerichtet, und

die sind da. Sie ziehen gehorsam an Treppen, Palästen und Galerien kolossalen Ausmaßes vorbei, blicken in die Gesichter von Kriegern, Königen, Besiegten, Schlangen und Göttern und wissen, wie ich, daß man ein halbes Leben brauchte, um zu verstehen, was sich hier abgespielt hat. Menschen mit dem gleichen Gehirn und vom selben Pla-

Uxmal

neten hatten vor über tausend Jahren eine völlig andere
Kosmogonie erdacht, ebenso rational oder irrational wie
die unsere, in der eine pyramidenförmige, hierarchische
und in gewisser Weise auch kommunistische Gesellschaft

durch ein religiöses System zusammengehalten wurde, in dem Menschenopfer ihren Platz hatten.

Unwillkürlich beschleicht einen nach der Lektüre von de Landas Bericht die Frage, ob ihm wohl die Parallele zwischen den zur Buße dargebrachten Menschenopfern und dem stellvertretenden und freiwilligen Sühneopfer seines eigenen Gottes am Kreuz aufgefallen ist? Und wie ist der steinerne Ring für das Ballspiel einzuordnen, der in Chichén Itzá hoch oben aus der Mauer ragt? Man steht in dem langen, jetzt leeren Geviert dessen, was einst ein Spielfeld war, und stellt sich das Gerenne und Geschrei der beiden Mannschaften vor, die beide versuchen, den Gummiball durch dieses steinerne Loch zu schlagen. Man sieht, ohne sie zu sehen, die Zuschauer, die Freunde oder Verwandte gewesen sein mögen, man projiziert die Bilder, die man bei Catherwood und im Museum kennengelernt hat, auf die jetzt so leeren Plätze ringsum, die Aufmachung und Haltung von Adligen und Priestern, die grellbunten Federn auf ihren Köpfen, ihren goldenen Schmuck – doch währenddessen weiß man, daß die Verlierer des Spiels nach dem Wettstreit geopfert wurden und daß dies eine ehrenvolle Weise war, zu sterben. Auf einem der Reliefs ist es dargestellt, zwei Sieger töten einen Verlierer, während ein grausamer Gott aus dem Himmel herabsteigt. Diesen Gott gab es aber nicht, genausowenig wie Hermes, Baal, Mithras und den Teufel. Phantasie erschafft stets neue und wieder verschwindende Wirklichkeiten. Doch während der tausend Jahre, die diese Fiktion, diese Mythologie, eine gesellschaftliche Realität war, besaß sie eine Logik, zu der das Menschenopfer notwendig gehörte. Man starb nicht zufällig und nicht umsonst. Alles hatte seinen Platz im System. Wir können lediglich

Uxmal, Steinring für das Ballspiel

die verzierten Ruinen betrachten, in denen sich ihr Leben abspielte. Was man sieht, sind die Gesichter von Göttern und mythischen Tieren, deren Namen wir kaum aussprechen können. Mitten in diesem riesigen Gelände steht die Pyramide des Kukulkán, einst der Hauptgott der Maya, der bei den Azteken Quetzalcoatl heißt, die gefiederte Schlange. Zweimal im Jahr kehrt diese Gott-Schlange auf die Erde zurück, was weniger ein Wunder ist als vielmehr ein Beweis für das phänomenale astrologische Wissen und das geniale architektonische Können der Maya. Es geschieht im Herbst und im Frühjahr, jeweils zur Tagundnachtgleiche. Das schwindende Licht des Nachmittags zaubert durch den Schatten der Pyramidenterrassen das Bild einer Schlange auf die Nordwesttreppe, die beängstigend steil nach oben fährt und die man heute nicht mehr besteigen darf. Was *wir* sehen, ist ein Naturphänomen, bei dem Astrologie und Architektur ein Spiel aufführen, was *sie* sahen, war eine riesige Schlange, die langsam die Treppe herunterglitt bis zur untersten Stufe: Der Gott war immer pünktlich. Und jedes Frühjahr brachte er etwas mit: Fruchtbarkeit, die Garantie für eine neue Ernte. Und auch an dem auf die Tagundnachtgleiche folgenden Tag beweist sich noch Jahr für Jahr das Genie der Maya: Eine ganze Viertelstunde lang steht die riesige Pyramide am frühen Morgen zur Hälfte im alles verzehrenden Licht und zur anderen Hälfte im Schatten. Bei der nächsten Tagundnachtgleiche wechseln Licht und Dunkelheit ihren Platz. Die Natur ist eine Uhr, und die Maya wußten, wie spät es war. Ihre Götter sind verschwunden, wie jene der Griechen verschwunden sind, aber ihre Uhr funktioniert immer noch. Sie ist geblieben, wie die Bilder und die Geschichten geblieben sind, zusammen mit den Rätseln, die sie zum Sinn unserer Anwesenheit auf der Erde aufgeben, seit wir wissen, daß die Systeme, in denen wir leben und sterben, genauso vergänglich sind wie wir selbst. Tausend Jahre später teilen wir den Planeten mit menschlichen Wesen, die in einem Buch gelesen haben, daß sie, wenn sie uns töten, dafür in einem Paradies belohnt werden.

Mérida

Abend in Mérida. Wie auf einem Gemälde aus der Belle Époque sehe ich die Ober, weiße Hemden, schwarze, auseinanderstrebende Hosenträger, sie starren hinaus in den stürmischen Regen und die tropischen Böen, die in die Bäume auf der Plaza Hidalgo fahren. Hanf machte Mérida zu Beginn des letzten Jahrhunderts reich, das ist überall noch zu sehen. Später, als sich der Wind gelegt hat, gehen die Lichter in den Bäumen wieder an. Palmen schlagen ihre Fächer nach allen Seiten aus, Buchsbaumsträucher haben sich durch die Schere des Gärtners in Würfel verwandelt, Autoreifen zischeln über den nassen Asphalt, Passanten sprechen mit leisen Stimmen, als schlafe jemand, der nicht aus seinem Traum geweckt werden darf. Ich gehe am düsteren, mächtigen Haus der Montejos vorbei, die Yucatán einst für den spanischen König regierten. Nach den Ruinen der Maya wirkt die große Kathedrale plötzlich klein, ein Eindringling, der sich inzwischen schon fast 500 Jahre gehalten hat und seinen eigenen Gott und seine eigenen Priester mitgebracht hat. Die späten Vögel in den Bäumen kümmert es nicht, und auch die Verliebten und die letzten Schuhputzer lassen die zwölf schweren Schläge der Mitternacht Mitternacht sein, ich gehe zurück in mein Zimmer in dem altmodischen Hotel. Unten binden die Ober die Terrassenstühle mit Ketten aneinander, und ich betrachte die Fotos von allem, was ich in den letzten Tagen gesehen habe, die Pyramide des Zauberers, den Thron des Jaguars, den Palast des Gouverneurs, das Haus der Nonnen, Namen wie hilflose Lügen, die die Spätankömmlinge den Bauten in dem Versuch gegeben haben, das Geheimnis einer überwältigenden Architektur und den ihr zugrunde liegenden Gedanken in Worten einzufangen. Aber es gelingt mir nicht, jetzt genausowenig wie an dem frühen Morgen in Uxmal, als ich davorstand, eine kleine gezeichnete Gestalt auf einem unermeßlich großen Feld, vor mir und links und rechts von mir diese riesigen Bauten in der morgendlichen Stille, gemeißelter Stein voller Masken und Zeichen, die nie etwas anderes erwidern würden als das Geheimnis, aus dem sie bestanden und aus dem die Menschen, die es erschaffen hatten, verschwunden waren und diese Tür aus Stein für immer hinter sich geschlossen hatten.

Ein Abend auf dem Zócalo

Mexico City. Das Land hat noch immer seinen Präsidenten und seinen Gegenpräsidenten, aber gegen das Amt des ersteren kommt letzterer nicht mehr recht an. Es sind die Tage vor Weihnachten. Ich habe die Metro zum Zócalo genommen, dem großen Platz in der Hauptstadt, der das Herz des Landes ist und bereits vor der Ankunft der Spanier das Zentrum der aztekischen Welt war. Ich bin nicht allein, ein paar Millionen Menschen sind auf den Beinen. Die Bürgersteige überfüllt mit Buden und Essensständen, alle fünfzig Meter ein Polizist, Straßenmusiker, und dann auch noch die Autos, die sich durch die gewaltige Menschenmenge zwängen. Aber es geht immer noch schlimmer. Ich werde ganz von selbst, ohne etwas zu tun, wie ein anonymer Teil der Masse auf den großen Platz gespült. Dort herrscht ein Höllenspektakel, soviel ist sicher. In der Ecke gegenüber der Kathedrale das Philharmonische Orchester von Mexiko in einem riesigen Zirkuszelt. Schräg gegenüber davon eine kommunistische Kundgebung mit den goldenen Köpfen von Lenin, Federico Engels, Carlos Marx und José Stalin auf rotem Tuch, die dank dieser spanischen Vornamen gleich viel freundlicher wirken. Ein extrem lautes Mikrophon schreit die verflossene Heilsbotschaft über den Platz, stark gestört durch eine Reihe fast nackter Männer mit Federschmuck, die auf riesige Trommeln schlagen und besessen tanzen. Sie tun das exakt in der Mitte zwischen dem Orchester und der politischen

Mexico City, Zócalo

Botschaft, und jeder mit maximaler Lautstärke. Das Orchester probt den »Trepak« aus der Nußknackersuite von Tschaikowsky und geht dabei ganz auf die Menge ein, ungefähr so wie wir früher in der Schule »Eine Stunde Musik« hatten: Sie zeigen, wie eine Komposition aufgebaut ist, mit jeweils einer Gruppe von Instrumenten. Das heißt: zuerst die Blechbläser, dann die Holzbläser, dann die Geigen, dann die Celli, um zuletzt die gesamte Suite zu Gehör zu bringen. Die Menge lauscht atemlos den einsamen Celli, dem von merkwürdigen Momenten der Stille umgebenen losdreschenden Schlagzeug, den plötzlich so dünn klingenden Flöten und wartet auf die Auflösung, die hier ja gerade eine *Zusammenführung* all dieser isolierten Klänge werden muß, ein großes, tanzendes Ganzes. Der Dirigent, in dessen Partitur weder die Arien von Marx und Lenin noch die Urgewalt der aztekischen Derwische stehen, klopft immer wieder unbeirrt ab und beginnt neu, bis die Analyse zu Ende geführt ist. Jetzt tauchen die Musiker auf zwei gigantischen Fernsehschirmen auf, so daß die Musik auch zu *sehen* ist, der hundertfach vergrößerte einsame Hornist mit seinen geblähten Wangen, die Bratschisten, die sich vom stets heftiger werdenden Rhythmus der indianischen Trommeln nicht ablenken lassen dürfen, der Dirigent, der das höllische Spektakel anscheinend vorbildlich in der Hand hat und so tut, als gäbe es all die anderen Geräusche nicht, und schließlich den russischen Tanz in all seiner prämarxistischen Bauernfreude über den Platz strömen läßt. Als in diesem Augenblick auch noch die mächtigen Glocken der kolonialen Kathedrale zu läuten beginnen, weiß ich, daß meine Mexiko-Reise zu Ende ist. Pyramiden und Kathedralen, Kommunisten und Prälaten, Tschaikowsky und Lenin, Götter und Menschenopfer, für mehr ist kein Platz.

15. Mai 2007

5

Die Ruderer von Port Dauphin

Schiffstagebuch II

I. Mauritius. Ich habe kein Recht, etwas über diese Insel zu sagen, ich war nicht da. Oder, besser gesagt, ich bin zwar dort gewesen, aber nur auf Stippvisite. Ich flog an einem Silvesterabend hin, irgendwo über dem Sudan sagte der Kapitän, das neue Jahr sei da, es gab Champagner, dann las ich weiter, Mauritius, eine Insel aus Wörtern. Ich muß dort das Schiff erwischen, das mich weiter nach Südafrika bringen wird. Dasselbe Schiff und derselbe Kapitän wie bei der Reise um Kap Hoorn, darauf freue ich mich. Inzwischen hat er bereits wieder zweimal die Welt umrundet. Ich auch, allerdings anders.

Wir fliegen hoch, die Turbulenzen lassen die Maschine tanzen. Irgendwo dort unten muß sie liegen, eine Insel im Ozean. Einst waren die Araber dort gelandet, dann kamen die Portugiesen, blieben aber nicht. Sie waren der Meinung, sie hätten die Insel entdeckt, und nannten sie Schwaneninsel, der Überlieferung zufolge weil sie einen Dodo gesehen hatten, doch wer das glaubt, der spinnt. Dodos haben keine Ähnlichkeit mit Schwänen. Im übrigen fragt man sich, was das für ein Gefühl sein mag, eine Insel zu entdecken, die bereits da ist. Plötzlich liegt in der Ferne ein vager Fleck, der langsam Umrisse bekommt, Hügel, Berge. Nach den Portugiesen kamen die Niederländer und gaben der Insel den Namen ihres Statthalters Maurits. Tabak wird angepflanzt und Zuckerrohr, aber ansonsten machen wir alles falsch, denn dadurch, daß wir zuviel tropisches Holz schlagen, schaden wir dem Markt in Holland. Wir ziehen ab. Piraten aus Madagaskar haben freies Spiel, bis die Franzosen kommen, danach halten Franzosen und Engländer sich gegenseitig in Schach, und im vorigen Jahrhundert erlangt die Insel ihre Unabhängigkeit.

In der Welt kennt man sie wegen zweier Dinge, die beide mittlerweile verschwunden sind, die berühmte blaue Briefmarke, die ein Vermögen wert ist, und den unglücklichen Dodo, den wir ausgerottet haben. Die religiösen Folgen der Kolonialgeschichte passen nicht wirklich in Darwins Evolutionslehre, und sollten sie es doch, läßt sich nie mehr exakt ausrechnen, wie. Jeder holte sich seine afrikanischen Sklaven woandersher, und als das nicht mehr erlaubt war, kamen die Vertragsarbeiter, gefolgt von den Chinesen, die überallhin gehen, wo Menschen sind, und das Ergebnis sieht man jetzt auf den Straßen von Port Louis, Chinesen, Hindustani, Muslime, Schwarze, teilweise mit Spuren der verschiedenen Kolonialherren, die auf jeden Fall ihre Sprachen hinterlassen haben. Le Clézio stammt von dort, der Grundton ist französisch, wie auch die meisten Namen auf der Karte: Cap Malheureux, Poudre d'Or, Trou d'Eau Douce, Mon Désert, Bel Ombre, Curepipe, le Morne Brabant. Was habe ich dort getan? Beschlossen, einmal wiederzukommen. Eine kleine Insel ist zugleich ihr Gegenteil, das heißt ein Kosmos. Viel mehr als fünfzig Quadratkilometer umfaßt Mauritius nicht, aber das ist, ebendiesem Gegenteil zufolge, unermeßlich groß. Um dies zu erfahren, muß man sich nur einen Nachmittag lang mit der Lokalpolitik und den Namen in der örtlichen Zeitung, *Le Mauricien*, beschäftigen, dann weiß man sofort, was man nicht weiß. Siva Palayathan, Rajayswur Bhowon, die Sergeants Roussety, Ramsamy und Mariane, Lin Ho Wah, Maurice Adaken – in jeder multiethnischen Gemeinschaft erkennt jeder sofort, auf welche Herkunft ein Name verweist.

Der Dodo, auch Ekelvogel genannt

Alle Filialen des Höheren sind hier vertreten, die Zentrale oben kann zufrieden sein. Moschee und Kathedrale liegen in Port Louis nahe beieinander, in der Kathedrale findet gerade eine chinesische Hochzeit statt, und kurz darauf gehe ich auf Strümpfen unter einer Luftflotte von Ventilatoren zwischen Männern in weißen Dschellabas mit weißen Scheitelkäppchen an einem Schild *Madrassa Tahfeez ul Q'uran* vorbei und den Zeiten fürs Gebet *4.12, lever du soleil 5.34, Ishrak 5.49*. In meinem Hotel russische Neureiche, die so tun, als hätten sie die Insel bereits gekauft, die sanftmütigen Angestellten müssen sich erst noch an deren Lautstärke gewöhnen. Nein, ich bin viel zu kurz hier, und so trete ich die Flucht nach vorn an, miete ein Auto, fahre über die Hochebene, komme an Sandstränden und Dörfern mit Hindutempeln vorbei und sehe mir schließlich im Museum die Knochen des ausgestorbenen Dodos an, mit dem Alice in ihrem Wunderland ein solch interessantes Gespräch führte. Adriaen van de Venne hat 1626 einen gezeichnet, ein Scheusal mit merkwürdig überhängendem Schnabel, Flügeln im Embryonalstadium und albernem aufgerolltem Schwanz, großen, runden Augen unter einer Art Pony, die einen erstaunten Ausdruck ob der eigenen Häßlichkeit zeigen. *Walghvogel* (Ekelvogel) oder *dodaers* (Federstert) nannten die Niederländer dieses groteske, flugunfähige Geschöpf, aber das hat meine Landsleute nicht daran gehindert, es bis zum letzten Exemplar abzuschießen und aufzuessen, obgleich das Fleisch so zäh war. Als das Schiff ausläuft und ich die Insel am Horizont verschwinden sehe, habe ich das Gefühl, diese beiden Tage geträumt oder mir ausgedacht zu haben, ich bin kurz mit einer geschlossenen Welt in Berührung gekommen, die dort in der Ferne, zwischen Indien, Afrika und Australien, ihr eigenes buntes Leben führt, ohne daß die einzelnen Religionen einander nach dem Leben trachten. Vielleicht hört man deswegen so wenig von dem Eiland.

II. Réunion. Jemand hat diese Insel mit voller Hand aus dem Ozean geschöpft, sie so hoch wie möglich gehoben und dann losgelassen, auf der Karte sieht es aus, als falle sie nach allen Seiten hin steil ab, so viele gewundene Straßen auf einer einzigen Karte habe ich kaum je gesehen. Réunion ist ein französisches Departement, ein letzter Rest Kolonialvergangenheit, woran das ferne Mutterland jedesmal wieder erinnert wird, wenn in dem großen Land in Europa Wahlen stattfinden und man dort Stimmen braucht. Tropisch, vulkanisch, selbst wer hier nur einen Tag verbringt, kann die Insel mit dem Auto umrunden, hat dann aber nichts vom Landesinneren gesehen, das von einer Bastion aus Kratern, Dschungel und über 3000 Meter hohen Bergen beschützt wird. Die wilden Landschaften werden dem

204

Eintagsbesucher später in seinen Träumen erscheinen. Er erkennt die Verkehrsschilder, als wäre er in Roubaix oder an der Côte d'Azur, doch der Vulkanboden ist dunkler, die Vegetation üppiger, die Farbenpracht der Blumen greller. Zwischen 1914 und 1918 starben dreitausend Soldaten von dieser Insel auf den kalten Schlammschlachtfeldern Nordfrankreichs in einem Krieg, mit dem sie nichts zu schaffen hatten. Aber: Man gehört zu einem Reich, oder man gehört nicht zu ihm. Die kleine Insel ist ein Supermarkt des Göttlichen, auch hier fehlt es dem Höheren an nichts. Alle Orte entlang der Küste stehen unter dem Schutz eines Heiligen, Saint-Pierre, Saint-Paul, Sainte-Marie, Saint-Leu, Saint-Denis, aber es gibt auch sieben Moscheen, die Tamilen verehren ihre farbenfrohen Götter, und die chinesischen Buddhisten haben ihre eigene Pagode. Ich spaziere über die Avenue de la Victoire und lasse mich in der Menge über die Uferpromenade Barichois mittreiben, vorbei an Gärten und Kanonen im samtenen Dunkel, im gedämpften Neonlicht sehe ich das Filigran der Kolonialarchitektur, die Spitzenklöppelei an Balustraden und Dachverzierungen, und denke an den großen Dichter Charles Marie René Leconte de Lisle, der hier geboren ist und dessen Grab ich in Paris aufgesucht habe. Hatte er Heimweh nach seiner tropischen Insel, auf der es immer nach Vanille duftete? Und entsprang sein schmachtendes Nachtgedicht »Nox« der Einsamkeit des Vulkanlandes, so weit entfernt von der Metropole, verborgen in der Leere des Ozeans?

205

[…]
Montez, saintes rumeurs, paroles surhumaines,
Entretien lent et doux de la Terre et du Ciel!
Montez, et demandez aux étoiles sereines
S'il est pour les atteindre un chemin éternel.

O mers, ô bois songeurs, voix pieuses du monde,
vous m'avez répondu durant mes jours mauvais;
Vous avez apaisé ma tristesse inféconde
Et dans mon cœur aussi vous chantez à jamais!

[…]
Auf! Jenseitsstimmen, die ihr Unruh tragt,
Ihr Laute zwischen Erd' und Himmel, steigt!
Erhebt zu hellen Sternen euch und fragt
Nach jenem Weg, der bis zu ihnen reicht!

O Meer, ihr Wälder, frommer Erdenmund,
Ihr wolltet, da die Zeit mich schlug, nicht ruhn!
Ihr senket Frieden in der Trauer Grund
Und singt für immer mir im Herzen nun.

An dem flüchtigen Tag, an dem mein Schiff dort zwischen zwei anderen Stationen anlegt, steht der Wetterbericht von Frankreich (Straßburg minus 5 Grad) neben dem von Réunion (Saint-Denis 30 Grad), kosten Hühnerschlegel aus den Niederlanden 1,90 € pro Kilo, ist in Saint-Denis ein Küken mit vier Beinen zur Welt gekommen und will der stellvertretende Bürgermeister von Tampon, André Thien-Ah-Koon, nach dreißig Jahren lieber selbst zurücktreten als vom Kassationshof abgesetzt werden. Dies alles im *Le Journal de l'Ile*. Ein Sturm wird nicht erwartet, die Arbeitslosigkeit ist hoch, die Heilige Jungfrau mit dem Sonnenschirm beschützt noch immer die Vanilleplantagen, und in Kürze, zwischen dem 15. Februar und dem 15. April, dürfen diejenigen, die eine entsprechende Jagdlizenz besitzen, wieder Igel jagen. Vier Monate nach meiner Abreise bricht der Piton de la Fournaise aus, in einer wahnsinnigen Feuersglut stürzen die Kraterwände ein, und in einem kilometerlangen Strom flüssigen Feuers sucht die brennende Lava sich über die steilen Hänge einen Weg in den Ozean.

III. Madagaskar. Sehr früher Morgen. Durch das Bullauge an Backbord sieht das Meer aufgewühlt aus, kurze, gemeine Wellen, Sturzflüge großer Möwen vor dem tosenden Blei. Als ich an Deck gehe, muß ich mich festhalten. Rechts die schartigen Hügel von Madagaskar, wir müssen schon Stunden an der Küste entlanggefahren sein, denn dies ist die Südostspitze, an der wir eigentlich anlegen sollten, Port Dauphin. Das große Schiff fährt langsam, schaukelt heftig. Die Küste steinig, trocken, Sand, in der Nähe des Hafens als Warnung ein verrostetes Wrack. Ein Pier, ein paar niedrige Gebäude, ein Kran. Im Wasser sehe ich ein schmales, langes Holzboot mit Ruderern, die gegen die Wellen ankämpfen. Und hundert Meter weiter nochmals gut zwanzig dieser Boote, eine Phalanx, die zerbrechlichen Gefährte dicht beieinander. Ich sehe, wie sie hochgehoben werden, am Wellenberg schräg abwärtsgleiten, für einen Augenblick unsichtbar werden und dann wieder auftauchen. Die Männer müssen mit aller Kraft rudern, um nicht noch weiter vom großen Schiff abgetrieben zu werden. Die am weitesten entfernten sehen aus wie Hieroglyphen, wettergegerbte Männer und Jungen, dunkel sich abzeichnend gegen das Weiß der Schaumkronen. Ihre Boote: ausgehöhlte Baumstämme. Zweifache Enttäuschung, die der Ruderer und die der Passagiere. Wir werden nicht an Land gehen, der Sturm ist zu heftig. Der Hafen sieht schäbig aus, eine Lagerhalle, ein altes Auto. Hier herrscht Armut. Für die Männer hätten wir Geld bedeutet, für uns bedeutet es, daß wir das Land, den kleinen armseligen Ort, nicht riechen, die Sprache nicht hören werden. Doch das Bild wird mir als Vergleich, als Parabel in Erinnerung bleiben, die Unmöglichkeit einer Begegnung. Das hohe, mächtige Schiff und die verbissen rudernden Männer, die sich immer weiter von ihm entfernen. Die vorbeifliegenden Wolken, das weiße Licht des Morgens glänzend in der blauschwarzen Ölfarbe der wilden Wogen. Langsam geraten die Hügel außer Sicht, die Böen peitschen die Passagiere nach drinnen. Die Männer in ihren Einbäumen rudern an Land, eine kleine Flotte, die vom Sturm in den Hafen zurückgejagt wird, der Verdienst einer Woche verflogen im Wind.

IV. *Stellenbosch.* Januar, Hochsommer. Eine verkehrte Welt, niederländische Häuser in den Tropen, weiß verputzt, hinter wollüstigen Hortensien. Eine Zeitung, die ich mit einiger Mühe lesen, Sprache, die ich verstehen kann. Von allen Seiten Musik, ein Umzug mit hohen Wagen, ein gigantisches Schwein aus rosaroten Azaleen, Singen und Rufen, der Festtag der Universität. Hunderte weißer Studenten, ist dies Afrika? Sie sitzen da, hoch und blond, singen und trinken Bier. Zwischen den Wagen eine kleine schwarze Band, farbige Männer in farbigen Kleidern, die auf Tamburine schlagen. Auf dem Bürgersteig Wahlplakate: *Stop ANC Racism.* Bin ich, wo ich bin? Wie-

208

viel Geschichte muß ich hinunterschlucken, wenn ich so ein Plakat lese? Jemand erzählt mir, daß es zwanzigtausend weiße Studenten in Stellenbosch gibt. Ich sehe die Freude auf all diesen jungen Gesichtern – in was für einem Land müssen sie alt werden? Kann es hier bleiben, wie es ist? Muß der ANC nicht seine Versprechen einlösen, seine Anhängerschaft belohnen, mit Bildung, mit Arbeit? In Simbabwe sind die weißen Farmer enteignet worden, und das hatte entsprechende Folgen. Hunger, Land, auf dem nichts mehr wächst, galoppierende Inflation. Doch die afrikanischen Nachbarn wenden sich nicht von Mugabe ab. Kann so etwas auch hier passieren? Unter allem schlummert eine gewalttätige Vergangenheit, die jetzt und hier unsichtbar zu sein scheint, verborgen unter dem Balsam einer Aussöhnungskommission, einer öffentlichen Beichte ohne Strafe. Das Land hat gegenwärtig andere Sorgen, Gewalt, Aids, Arbeitslosigkeit, einen Präsidentschaftskandidaten, der erst wegen Korruption, dann wegen Vergewaltigung unter Anklage gestellt wurde. Doch vorläufig funktioniert es.

Rings um die Stadt die Weinberge mit den poetischen Namen in meiner Sprache, Land, das sich seit Jahrhunderten in den Händen von Weißen befindet. Wein ist Tradition, überliefertes Wissen. Die Landschaft fließend wie die elysischen Gefilde, grüne Hügel, eine Provence, eine Toskana. Die ältesten Weinstöcke stammen aus der Zeit van Riebeecks, Ende des siebzehnten Jahrhunderts. In den Restaurants, die zu den Weingütern gehören, ist die Kundschaft meist weiß, die Bedienung schwarz, die Küche international. Ich lese *The Zimbabwean*. In London kostet die Zeitung 50 Pence. In Südafrika zweieinhalb Rand, in Simbabwe 50.000 Simbabwe-Dollar – jedenfalls, als ich zum letztenmal dort war. Wieviel es jetzt sind, weiß ich nicht, vielleicht eine halbe Million. Von meinen Fragen ist auf all diesen Gesichtern nichts erkennbar. Später, als ich der Festfreude den Rücken gekehrt habe und durch ruhige, elegante Alleen mit großen Häusern gehe, komme ich an der reformierten Kirche vorbei. Von drinnen schallt der schwere Gesang heraus, den ich aus den Niederlanden kenne, der träge, gedehnte, monotone Fluß der Psalmen, Stimmen von Männern und Frauen, tief und hoch, massiv und überzeugt. Als ich die Tür öffne, sehe ich eine große Menge Weißer. Die Kirche ist bis zum letzten Platz besetzt.

Eine Woche später bin ich, weit außerhalb von Kapstadt, auf einem alten Landgut zu Besuch. Der Hausherr ist der letzte seines Geschlechts, das Anwesen seit Jahrhunderten im Familienbesitz. Backstein, niederländische Bauweise, ein Landhaus, wie es auch an der Vecht stehen könnte. Die Gäste schlafen in den früheren Sklavenbehausungen, unter Brautschleiern aus Moskitonetzen. Es gibt keine Klimaanlage, die Hitze überwältigt alles, läßt auch nachts nicht nach, wir sind hier nicht in den Niederlanden, sondern eindeutig in Afrika. Auf der Visitenkarte des Besitzers steht: *Schweineschlachter, Pilot, Anwalt beim Obersten Gerichtshof.* Beim Abendessen sind wir fünfzehn. Leuchter, Kerzen, der Hausherr spielt Chopin und dann eine Platte von André Hazes, wozu er sich ein orangefarbenes Tuch um die Schultern drapiert. Auch hier sind die Angestellten schwarz, schwere Frauen, gutmütig, ernst, Mutterfiguren, der Gedanke an *Vom Winde verweht* liegt nicht fern. Einer der Gäste, ein junger Mann, erzählt von seinem Wettkampf bei den Olympischen Spielen in Sydney, wie er, angefeuert von den Schreien der Zuschauer, in einer Art Rausch seinen Lauf gewonnen hat, danach aber den Sport aufgeben mußte, eine Geschichte von Sieg und Niederlage. Wir anderen sitzen und hören zu unter den Leuchtern, die Kerzenflammen flackern sacht im Abendwind. Später gehen wir hinaus, jeder in sein eigenes Häuschen. Stein ist ungerührt, will nichts von den einstigen Sklaven erzählen. Sogar das Wort Sklave ist auf einmal merkwürdig, als könne man es in diesem Raum nicht aussprechen. Ich gehe ins Freie, es ist eine klare Nacht, mache noch einen kurzen Spaziergang. Auf dem kleinen Friedhof liegen die Vorfahren, die früheren Sklaven*halter*, so heißt das. Im Mondlicht kann ich ihre Namen entziffern. Ich spüre die endlose Weite des Landes ringsum, höre das leise Geräusch des trägen Flusses, der hier vorbeifließt, Nachtvögel, Pferdegewieher. Am nächsten Morgen spielen wir Krocket auf dem Rasen am Fluß, das Wasser hat die Farbe von Wüstensand.

In derselben Woche spricht Mbeki von Land, das der Verfassung zufolge anders verteilt werden müsse. In der Zeitung lese ich später, daß bei der Wahl eine Weiße die schwarze Bürgermeisterin von Kapstadt besiegt hat. Wo war ich? Habe ich mit den richtigen Augen geschaut? War ich ein Passant in den Ausläufern einer unmöglichen Vergangenheit, oder habe ich ein Land gesehen, in dem eine mögliche Zukunft entworfen wird? In den alten Landhäusern eine Geschichte, die sich nostalgisch selbst idealisiert, weit entfernt von jener anderen Vergangenheit der Apartheid und Sklaverei, die in den Townships chaotisch weiterwuchert, ein noch lange nicht verarbeitetes Erbe, auf der Suche nach irgendeinem Modus vivendi. Und alles dazwischen, der unberechenbare Kochtopf der Geschichte.

V. Kap Agulhas. Unausrottbar, der Drang zum weitest entfernten Punkt. Auf der Karte habe ich gesehen, daß der südlichste Punkt dieses gesamten unermeßlich großen Kontinents Kap Agulhas heißt, woraus folgt: Ich muß dorthin. Ich habe auf der R 43 Kurs darauf genommen, muß dann aber an Wolvengat und Zoetendalsvlei vorbei zur R 319, die nach Süden führt. Wind, leere Landschaften, Raum. Und stets die Verführung der Namen, jetzt noch verstärkt durch das Afrikaans, diese merkwürdige Enkelin meiner eigenen Sprache, Hand in Hand mit dem Englisch der anderen: Gansbaai, Danger Point, Uilenkraalsmond, Pearly Beach, Buffeljags, die Dam, Struisbaai: Gänse, Gefahr, Eulen, Perlen, Büffel, Strauße, Wölfe und süße Täler – Namen haben immer so viel zu erzählen. Erst danach, am Ende meines Wegs, kommt die dritte Sprache hinzu, Portugiesisch, denn wer als erster da ist, darf den Namen vergeben. Das ist ungerecht, denn dieses Kap hatte natürlich längst einen einheimischen Namen in einer Sprache, die die Portugiesen weder verstehen noch aussprechen konnten. Doch der erste portugiesische Seefahrer hier hatte einen Kompaß bei sich, der ihn völlig verwirrte, weil die Nadel ohne ein einziges Grad magnetischer Mißweisung schnurgerade nach Norden zeigte, und das galt nicht nur für diesen einen Kompaß, was den Namen erklärt: Cabo Agulhas, Kap der Nadeln. Hier stößt das warme Wasser des Indischen Ozeans auf das viel kältere des Atlantiks, und das bringt beide in Aufruhr. Im Süden fließt der warme Agulhasstrom an der ostafrikanischen Küste entlang und prallt dann in den Indischen Ozean zurück, wobei sich Teile des Mahlstroms abschnüren, Wirbel, die er in den Atlantik schwemmt – die sogenannten Agulhasringe – und die große Mengen

Hermanus

salziges und warmes Wasser mitführen. Ruhe herrscht dort folglich nie, es ist ein aufgewühltes Seemannsgrab mit bis zu dreißig Meter hohen Wellen und einer langen Totenliste an Wracks. Die heftigen Winde, die zum vierzigsten Breitengrad gehören, rasen von West nach Ost in die gleiche Richtung wie der Polarstrom, mit dem sie auf den viel wärmeren Agulhasstrom prallen, und wenn das geschieht, ist der Teufel los, um so gefährlicher, als das Wasser flach ist und voller Felsen, ein Unterwasser-Afrika, das sich südlich des Kaps noch zweihundert Kilometer weit fortsetzt, bis es sich mit einem Steilabhang plötzlich verabschiedet. In Seemannsgeschichten ist das so harmlos aussehende Kap Agulhas mit seinem eher sanften Küstenverlauf deshalb der schroffe Konkurrent von Kap Hoorn, das hoch und dramatisch aus dem Ozean aufragt. Am Tag, als ich Kap Agulhas besuche, ist es ruhig.

Ich sitze zufrieden da und blicke in Richtung des unsichtbaren Südpols, zusammen mit einer rührend kleinen weißen Möwe mit schwarzen Oberflügeldecken, die auf einer hauchdünnen Felsenspitze das Kap bewacht, und gemeinsam lauschen wir einem Idioten, der sich das dramatische Ende eines Kontinents dazu ausgesucht hat, durch sein Mobiltelefon die Stille zu stören. Weiße riffartige Felsen, die wie gemeine Zähne aus dem Wasser ragen, so sieht das Ende Afrikas aus, und plötzlich habe ich das Gefühl, diesen ganzen unruhigen Erdteil im Rücken zu haben, mit Darfur und dem Tschad, den Stammeskämpfen in Kenia und dem Krieg im Kongo, den Pyramiden und dem Kilimandscharo, dem Urwald und den Wüsten. Das Meer vor mir ist grün, wenngleich nicht wie Smaragd, *U is nou op die mees suidelike punt van die Kaap* (Sie befinden sich jetzt am südlichsten Punkt des Kaps), steht da, doch als ich später auf einem alten vergilbten Globus den nördlichsten Punkt suche, sehe ich, daß er in der Nähe des früheren Karthago liegen muß, wo Afrika Sizilien küßt und von wo aus Hannibal einst aufbrach, eine Welt zu erobern, die auf dieser Erdkugel neben dem gewaltigen Koloß Afrika plötzlich sehr klein und nichtig aussieht.

VI. Elim. Jemand hat mir von einer ehemaligen deutschen Missionsstation erzählt, von einem stillen Dorf, einer schönen Kirche, gelegen in der Nähe eines Hügels namens Geelkop (Gelbkopf), nicht weit entfernt vom Soetmuisberg (Süßmausberg) und von einem Fluß namens Grashoek (Graswinkel), doch als ich dort ankomme, treffe ich auf kein richtiges Dorf, sondern eine freie Fläche mit ein paar weit auseinanderliegenden Gebäuden. Ich sehe einen kleinen Kramladen, ein Denkmal, bestehend aus einem Sockel, einem spitzen Obelisken und darauf einem Ball, alles weiß verputzt, und zwar so blendend weiß, daß es in den Augen schmerzt.

Der Boden dürr, spärliches Gras, das umliegende Land weit, sie müssen diesen Fleck inmitten der Leere sorgfältig ausgesucht haben, denn genau hierher kamen sie unter einem grellblauen Himmel, die Herrnhuter, um eine Missionsstation für die Armen aufzubauen. Man schreibt das Jahr 1824, vierzehn Jahre später werden die Sklaven befreit, die Bevölkerung Elims wächst rasch auf über siebenhundert an. 1722 hatte Nikolaus Ludwig Graf von Zinzendorf auf seinem Gut in Sachsen die Brüdergemeine Herrnhut (»unter der Obhut des Herrn«) ins Leben gerufen, seine geistigen Nachfahren, wie er von Heimweh nach einem früheren Christentum, frei von dogmatischen Kämpfen, erfüllt, zogen in alle Welt und gründeten überall weitere Brüdergemeinen. Eine von ihnen war Elim. Das Wort bedeutet Oase, und etwas davon ist noch zu spüren, als ich in die Kirche trete. Die Tür steht weit offen, ich bin allein.

Es dürfte die weißeste Kirche sein, die ich je gesehen habe, automatisch trete ich leiser auf, denn hier ist die Zeitmaschine am Wirken, mein Jahrhundert schreibt sich nicht mit einer Zwei vor dem Tausender, und auch das Jahrhundert davor verflüchtigt sich bei all dem Weiß: weiße Bänke, weiße Wände, weiße Türen, weiße Säulen, an den Wänden heilige Texte in einer altertümlichen, biblischen Version meiner Sprache, hier ist alles dem Herrn geweiht, es gibt keine Kanzel, vor einer der Kirchenwände steht ein Tisch mit einer buntkarierten Decke, und darauf liegt Das Buch, mächtig, schwarz, Goldschnitt, Das Wort, das hier an Sonntagen den Raum erfüllt. Für den Prediger gibt es einen einfachen Holzstuhl ohne Armlehnen, mit geflochtenem Sitz, hier herrschen andere Zeiten,

Elim

alles hat die atemberaubende Schlichtheit eines altertümlichen deutschen oder niederländischen Protestantismus, es muß auf die damaligen Einwohner des Landes einen umwerfenden Eindruck gemacht haben, und so hat es sich erhalten, wie in Reinkultur. Durch die hohen, hellen Fenster sehe ich den afrikanischen Sommerhimmel, Palmen, die die Herrnhuter Augen nie zuvor erblickt hatten. Auch draußen ist es still, ein paar Kinder spielen auf der großen, freien Fläche bei der Skoolstraat, ich gehe durch das rührende kleine Museum, Fotos der Schule von Lehrer Martin Hans mit seiner Klasse 1963, arme Kap-Bauernsöhne in Schwarz, ein von vielen Eseln gezogener Wagen, der Debütantinnenball Laetitia Africa, ein verrostetes Bügeleisen, eine Nähmaschine, die zu ihrem eigenen Monument geworden ist – über allem liegt ein Schleier vergangener Zeit. Als ich noch einmal in die Kirche gehe, sehe ich die Liste Elimer Soldaten, die von 1939 bis 1945 »in der Union, in

Abessinien, Zentral- und Nordafrika, Palästina und Italien« gedient haben. »Alle Männer kamen unversehrt nach Hause.« Und heute? Ein Strukturplan, ein demokratisch gewählter *Opsienersraad* (Aufsichtsrat), Fortschritt, Zentimeter um Zentimeter. Die Wasserversorgung soll verbessert werden, es gibt ein Heim für fünfundfünfzig geistig und körperlich behinderte Kinder, das Wildblumenprojekt der South African Dried Fruit Cooperative ist ein Erfolg, 2010 wird der *Opsienersraad* es an die Gemeinschaft übergeben, und der Tourismus soll gefördert werden. Der einzige Tourist dieses Tages sitzt in der weißen Kirche. An der Wand hängt die Losung vom 1. August 1924: »Glaubet an das Licht, solange ihr's habt.«

VII. Sevilla Trail. Wir sind im Cederberg Naturreservat. Die Straße ist nicht länger asphaltiert und führt nach Wuppertal, wenn auch nicht dem in Deutschland. Wir sind über den Pakhuis-Paß gekommen, durch eine Landschaft von brutaler Schönheit. Der Schöpfer hatte einen manieristischen Tag oder vielleicht schlichtweg keine Lust auf ein klassisches Meisterwerk. Er hat einfach das Material genommen, das hier herumlag, hat nach seiner grimmigen Vorstellung alles hingeworfen, danach wieder übereinandergetürmt und ist dann gegangen, alles so belassend, wie es war, groteske Stapel, bizarre Formen, die bei bestimmtem Licht gespenstisch aussehen, eine Landschaft für schlechte Dichter. Vielleicht hatte er auch einfach nur getrunken, der Fluß, der hier vorbeifließt, heißt Brandewyn. Wir sind unterwegs zum Sevilla Trail, einem Pfad mit über zweitausend Jahre alten Felsmalereien, der an einem Farmhaus namens Traveller's Rest anfängt. Ein alter Farmer sitzt unter einem Grüppchen Eukalyptusbäume, die hier *gumtrees* heißen und deren Rinde in Streifen herabhängt, er macht irgend etwas Paradiesisches aus Früchten und Blättern. Koos und Haffie Strauss bauen hier Pflanzen an, die sie zu Ölen verarbeiten, sie züchten, wie eine Website informiert, die ich später zu Gesicht bekomme, Geranien, Sutherlandia (Krebsbusch), Grenadillas, Mais und Rooibostee. Sie vermieten auch ein paar Steinhäuschen mitten im wilden Land, ihre mächtige Farm ist der letzte Außenposten an der langen Straße, die in der Ferne verschwindet. Wenn man ein paar Tage vorher anruft, kann man auch etwas zu essen bekommen; wir haben das nicht getan, sondern alles Benötigte in Clanwilliam eingekauft, und können es jetzt vor dem Häuschen über einem offenen Feuer zubereiten.

Die Hitze ist brutal, es sind über vierzig Grad. Koos hält es für keine gute Idee, zu dieser Tageszeit den Trail entlangzuwandern, doch ich habe keine andere Wahl. Er sagt mir, worauf ich achten muß, bei einem sehr großen Felsen soll ich mich einfach unter den Überhang legen, ich soll Ausschau halten nach tanzenden Frauen, nach dem ausgestorbenen Quagga, einer Art ockerfarbigem Zebra ohne Streifen, nach Bogenschützen und anderen Jägern und währenddessen hoffen, einen *dassie* oder *hyrax* (Klippschliefer) zu Gesicht zu bekommen, ein kleines Nagetier, das die Wüste bewacht. Der Trail beginnt jenseits der Straße. Die anderen machen es sich derweil im Häuschen bequem, plötzlich ist die Stille überwältigend. Keine Vögel, keine anderen Menschen, nur die Fotografin und ich, unsere Schritte auf den Felsen und im groben Sand. Ich will an jedem Felsen eine Malerei erkennen, doch so schnell geben sie sich nicht preis, die Wanderung dauert Stunden. Das Flußbett ist ausgetrocknet, der Schlamm gesprungen,

Sevilla Trail

ausgelaugte Wasserpflanzen und weiße Steine erzählen von der Hitze.

Dann sehe ich die ersten Gestalten, schmal, hieratisch gezeichnet, Menschen unterwegs mit Pfeil und Bogen, rot, schwarz, in Jahrtausenden verwittert, manchmal kaum erkennbar. Es ist, als habe jemand sein Testament gezeichnet, ein Manifest, das über all die Jahrhunderte

Sevilla Trail

hinweg von diesen Felswänden seine Botschaft verkündet: Du kennst uns nicht, doch dies war unsere Welt, hier haben wir gelebt und gejagt, wir haben uns selbst gezeichnet, dieses wilde Land, durch das du nur flüchtig streifst, war unser Kosmos, so hat es ausgesehen. Ein Gemsbock, ein Fohlen, ein Jäger, hier und da auch reptilienartige Ungeheuer, die etwas bedeutet haben, das du nicht mehr herausfinden kannst. Unsere Sprache kannst du nicht hören, wir waren die Koi und die San, doch unser Bildnis haben wir hinterlassen, so daß du über uns nachdenken mußt, dies ist der Abdruck unserer Hände, mit denen wir diese Zeichnungen angefertigt haben. Ich schaue und lausche den Zeichen in der Stille, zuweilen sind es ganze Gruppen im Gänsemarsch, leicht vorgebeugt, so daß man fast meinen könnte, sie bewegten sich in ihren verwischten mennigeartigen Farben, der Farbe getrockneten Bluts. Durch das Geheimnisvolle der Landschaft scheint es nun auch so, als hörte ich sie sprechen, die leisen Laute einer unverständlichen, von der Zeit gelöschten Sprache.

Am Abend zeigt sich der Vollmond. Zuerst ist alles grau geworden, die Farben verblassen an den Felsen und den wenigen, kümmerlichen Mandelbäumen, jemand von uns hat eine CD im Autoradio eingelegt, der Klang einer Frauenstimme breitet sich über der Ebene aus, das einzige Licht kommt von fern, vom Traveller's Rest, in einem Steinwall haben wir ein Feuer angezündet, um das Fleisch zu braten, es lodert hoch und wild auf, so daß wir schon fürchten, das Land in Brand zu setzen, doch dann wird es kleiner, zieht sich in sich zusammen, bis nur noch glühende Asche übrig ist, in der wir die großen Fleischstükke rösten. Keinem ist nach Reden zumute, der Himmel wird mit Sternen beschrieben, und ich denke an die jetzt unsichtbaren Zeichnungen von Bogenschützen und Tänzern, die für dieselben Sterne andere Namen hatten, Namen, die sie auf ihrem Weg durch die Zeit mitgenommen haben.

VIII. Matjiesfontein. Mitten im Nichts und Nirgendwo liegt Matjiesfontein. »Nichts« sollte ich nicht sagen, denn im Nichts kann man nicht gehen, und dennoch habe ich das getan. Zunächst folge ich den Bahngleisen. Die Schienen glänzen, und das tun sie nicht, wenn auf ihnen keine Züge mehr fahren. Und Züge fahren nicht durchs Nichts. Also streichen wir das. Und auch der Pfad, den ich nun wähle, ist konkret: trockener Boden mit harten, scharfkantigen Steinen.

Einfriedungen – um Nichts würde man auch keine Zäune aufstellen. Harte, niedrigwüchsige Pflanzen und Sträucher, deren Namen ich gern wüßte, Land bis zum Horizont. Ich bin nicht der einzige, der an Nichts gedacht hat, denn nach einstündigem Fußmarsch komme ich zu einem mit Stacheldraht versperrten Tor, auf dem *Verloren Vlei* steht, Verlorenes Tal. Der Name paßt, und der Weg hört hier auf. Warum weicht man von seiner Route ab? Wegen einer Geschichte. Inmitten des Nichts soll ein Dorf liegen, und in diesem Dorf ein Hotel und ein Bahnhof. Wer dorthin fährt, ist gewarnt, und darin besteht der Reiz. Das Leben setzt hier vorübergehend aus, manchen gefällt das.

Dorf ist übertrieben, ein paar staubige Straßen, falls hier jemand wohnt, läßt er sich nicht blicken. Eine tote Tankstelle mit einer Handpumpe, *the red line indicates the exact measure*. Das Hotel ist gigantisch, es gehört in eine Großstadt. Viktorianisch, als habe man es soeben aus dem London des neunzehnten Jahrhunderts herausgerissen, ohne die dazugehörige Umgebung, unwiderruflich entschwundene Zeit, vergangene Pracht, ein Hotel als Parodie seiner selbst. Aber übernachten kann man darin. Dann wird man zur Parodie eines Gastes: ein Handelsreisender auf dem Weg zur Matjiesfontein Sausage Factory in der Logan Straat, ein bezahlter Statist in der Geschichte eines anderen. Ein verrückter Schotte hat das Hotel an diesem Ort der trockenen Luft wegen erbaut, die für Lungenkranke wie ihn gut sein soll. Es lief sehr erfolgreich. In den Hotelregistern die Namen vornehmer Gäste, Cecil Rhodes, der Sultan von Sansibar. Alles ist zweifellos wahr. *Lord Milner* steht in großen weißen Buchstaben auf dem Dach zwischen den drei quadratischen zinnenbewehrten Türmen, über denen Fahnen flattern. Auf der gesamten Breite des Gebäudes eine Terrasse mit zwei hundertjährigen Zypressen, darüber eine lange Galerie mit gußeiserner Balustrade.

Ich gehe hinein ins neunzehnte Jahrhundert. Meinen anachronistischen Wagen habe ich neben einem riesigen Feuerwehrauto aus vergangenen Tagen geparkt. Um zum Eingang zu gelangen, muß ich an einem hohen, vierstöckigen Springbrunnen vorbei. Wasser sprudelt nicht. In der Lobby zwei schwarzgekleidete Frauen mit weißer Schürze und weißem Spitzentuch, das zu einem merkwürdigen Türmchen auf ihrem Kopf gefaltet ist. Gleich beginnen die Dreharbeiten, ich muß nur noch schnell meinen Text lernen, ich bin der Sekretär des Enkels des Sultans von Sansibar. Sonst ist niemand zu sehen, aber jeder weiß, wer ich bin. Die Bar ist aus wunderbarem Tropenholz, in die Glasscheiben der Tür ist mit Zierbuchstaben BAR eingraviert, an der Wand hängen ein Geweih und das vergilbte Foto einer Kricketmannschaft, ansonsten gibt es ein Klavier und einen grün angelaufenen Trichter von His Master's Voice. Die Vorhölle ist von der katholischen Kirche abgeschafft worden, dabei wäre dies der perfekte Ort dafür gewesen, eine Ewigkeit lang zu warten, bevor man in die richtige Ewigkeit eingehen darf. Der Vorrat an Alkoholischem ist begrenzt, enthält aber das Wesentliche.

Später am Abend wird ein dicker Schwarzer mit rosa

223

Matjiesfontein

Schuhen für mich allein spielen und singen. Dann bin ich schon zweimal durch das ganze Dorf spaziert, ohne jemanden zu sehen, und brauche nur noch auf die Ankunft des Zugs zu warten. Ich glaube nicht daran, doch er kommt wirklich, schon lange vorher höre ich sein klägliches Rufen über die Ebene. Am Bahnhof ein kleines Museum. Ein Foto von einigen *railway contractors and friends* aus dem Jahr 1879, wir sehen uns über das lange Jahrhundert hinweg an, das zwischen uns liegt, einige der Männer haben einen Namen, die anderen haben selbst den verloren, doch da sie meinen genausowenig kennen, sind wir quitt. Meinem Notizbuch entnehme ich, daß ich wie gewöhnlich versucht habe, das gesamte Museum schriftlich zu fixieren, Marken und Meßbecher, einen ausgestopften Fisch, die Kursbücher der Rhodesian Railway, Friseurstühle und künstliche Gebisse, Abfahrts- und Ankunftszeiten,

Kricketbälle und die Ballade aus dem Burenkrieg, die auch im Hotel hängt:

The black Watch at Matjiesfontein
By one who was there

Tell you a tale of the battle?
Well, there is not much to tell,
Nine hundred went to the slaughter
And nigh on four hundred fell

Wire and the Mauser rifle
Thirst and the burning sun
Knocked us down by the hundred,
Ere the long day was done.

Vergessener Krieg, vergessene Männer, fünfundzwanzig Strophen. Inzwischen ist der glänzende Zug eingefahren, das Ereignis des Tages. Die Reisenden speisen im großen Hotel, bevor sie nach Kapstadt weiterfahren. Ich starre auf die geheimnisvolle Maschine, mit der jemand von Hand die Weichen umstellt, Holzgriffe an schweren Metallringen mit Ketten. Auf dem Plan an der Mauer lese ich die Angaben *hooflyn*, *uitwykspoor no. 1*, *uitwykspoor no. 2*, *sylyn*, Hauptstrecke, Ausweichgleis Nr. 1, Ausweichgleis Nr. 2, Nebenstrecke. Im Zug selbst der Luxus früherer Zeiten, Sessel, Schirmlampen, Teppiche, geblümte Sofas mit schweren Kissen, Kupferbeschläge und Ventilatoren, ein Bediensteter in Weiß, der wartet, bis die Fahrgäste über den schmalen Bahnsteig zurückkehren.

Als der Zug abgefahren ist, senkt sich erneut Stille über Matjiesfontein, der dicke Mann in der Bar singt *What a wonderful world* mit der Stimme von Louis Armstrong, und ich werde von mir selbst in dem monumentalen Bett aufgebahrt, das mitten im riesigen Zimmer steht. Am nächsten Morgen zeigt sich, daß ich doch nicht der einzige Gast bin, ein alter Herr mit Stock, der als Major angesprochen wird, sitzt wie ich vor Eiern mit Speck, gebakkenen Bohnen und Tomaten samt rostfarbener HP-Soße, draußen rinnt ein dünner Wasserstrahl über die Ränder des Springbrunnens, die beiden Zypressen wachen, das Feuerwehrauto wartet noch immer auf ein Feuer, *what a wonderful world.*

IX. *Oudtshoorn.* Es gibt die Große Karoo und die Kleine Karoo, eine zwischen zwei Gebirgszügen gelegene Tallandschaft. Über den dramatischen Swartbergpas und Schoemanspoort bin ich nach Oudtshoorn gefahren, Landschaften von kurz nach der Erschaffung der Welt. Oudtshoorn selbst ist vornehm, mit breiten Alleen und prachtvollen Villen, eine Stadt, einst reich geworden durch den Strauß. Der langbeinige Laufvogel hat vor ungefähr eineinhalb Jahrhunderten eine merkwürdige Adelsgattung hervorgebracht, die Straußenbarone. Warum es immer Barone sein müssen und nicht Herzöge oder Marquis, weiß ich nicht, jedenfalls gab es in Oudtshoorn viele von ihnen. Ihre Häuser existieren noch, und Strauße werden ebenfalls noch gezüchtet, jetzt weniger um ihrer Federn willen als wegen des Leders und des Fleischs. Es sind merkwürdige Vögel, wer sie hinter dem Zaun einer solchen Farm etwas länger beobachtet, den beschleicht allmählich ein mulmiges Gefühl, vor allem wenn es viele sind. Der Hals ist idiotisch lang für den eigensinnigen kleinen Kopf ganz am Ende. Sie sehen aus wie Politiker nach einer unerwarteten Niederlage, voll unterdrückter Wut und verborgener Rachsucht, die jeden Augenblick losbrechen können.

Da man in letzter Zeit so oft Straußensteaks auf den Speisekarten sieht, drängt sich die Frage auf, wo ihre großen Keulen sitzen, und das kann natürlich nur an einer Stelle sein, hoch unter diesem bauschigen Kleid aus Federn, die die Köpfe der Damen aus der viktorianischen Bourgeoisie einst so grotesk groß machten, daß sie mitsamt ihren Hüten kaum auf ein Foto paßten. Die nächste Frage lautet, wie man die Tiere wohl schlachtet, diese ellenlangen Beine können gehörige Tritte austeilen, und Enthaupten scheint mir angesichts der meterlangen Hälse auch keine gute Alternative. Eine merkwürdige Seitenlinie der Evolution, gute Gesellschaft für die Giraffen und Nashörner, die man hier in den Reservaten sieht, Ausgeburten der Phantasie, Launen der Natur, Tiere, die in eine Reihe mit dem Basilisken, der Sphinx und dem Greif gehören, dazu gedacht, in den Menschen die Frage aufkeimen zu lassen, wofür diese Vögel eigentlich gut sein sollen. Für Hüte, hätte man vor anderthalb Jahrhunderten gesagt, und wenn man wissen will, warum, muß man ins C. P. Nel Museum in Oudtshoorn gehen, wo es eine Orgie an Straußischem zu besichtigen gibt, angefangen mit einer Fotoserie, auf der dieser Vogel als Held dargestellt ist.

Vater, Mutter, Kinder sowie ein Löwe, der weiß, wo bei diesen zarten Kleinen die Steaks sitzen, Vater Strauß, der seine Familie so lange verteidigt, bis Mutter ihre Flauschbälle in Sicherheit gebracht hat und er selbst als kaputtgebissener Staubsaugerschlauch auf dem eigenen Wollball endet. Es sind alte, vergilbte Fotos, aber sie haben nichts an Dramatik verloren. Wie viele Stunden ich in diesem Museum verbracht habe, weiß ich nicht mehr, jedenfalls ist der Vogel Strauß seitdem für mich ein anderes Wesen, allein schon weil ich jetzt weiß, daß die Sache mit dem Kopf im Sand nicht stimmt.

Wie man bereits 1549 in den Besitz seiner Federn gelangte, ist nicht angegeben, auf alle Fälle konnte sich die Schwester Karls V. damit schmücken, und »als der Schwarze Prinz, der in der Schlacht von Crécy 1346 den König von Böhmen geschlagen hat, hat er den Federbusch des gefallenen Königs vom Helm gerissen und auf seinen eigenen gesetzt«.

Was Strauße mit Synagogen zu tun haben, wird hier ebenfalls deutlich, denn Oudtshoorn besaß eine große jüdische Gemeinde, die aus Litauen ausgewandert war und sich auf den Handel mit Straußenfedern gestürzt hatte – mit beträchtlichem Erfolg. 1888 hatte Oudtshoorn bereits zwei Synagogen und 1904 die erste »hebräische Schule« Südafrikas, was ihm den Beinamen Klein-Jerusalem eintrug. Oudtshoorn wurde zum reichsten Bezirk der Kapkolonie, 1913 gab es hier zwei Zeitungen, zwei Hochschulen und drei Hotels. Im Museum sind die erhaltenen Teile der Synagoge ausgestellt, der siebenarmige Leuchter in Gold vor einem schneeweißen Hintergrund, darüber zweimal die Gesetzestafeln und darüber wiederum eine Krone zwischen zwei Davidssternen, flankiert von goldenen Löwen. Ich lerne, daß der Vogel Strauß in der Heraldik für Schnelligkeit und Ausdauer steht und daß in der Bildersprache der Wappenkunde ein Pferdehuf im Schnabel eines Straußes Geringschätzung für die Kraft des Pferdes ausdrücken soll. Nubische Prinzen erwiesen einem Minister Tutanchamuns die Ehre mit einem Federbusch, auf dem »königlichen Friedhof von Irland wurden verzierte Straußeneier von 2600 vor Christus« gefunden, doch ob das stimmt, weiß ich nicht. Prinz Arthur, Thomas und Henry of Bolingbroke, assyrische Könige, der bei der Krönung Edwards VII. von einem südafrikanischen Würdenträger getragene Federbusch, hier wurde nichts dem Zufall überlassen, Nancy, das Springbockweibchen, als Maskottchen des Regiments, das im Ersten Weltkrieg ein Horn verloren hat, und das Foto von Arthur Jacobson, der 1893 nach Oudtshoorn gekommen war, 1903 Friedensrichter wurde und 1914 als erster zum Judentum konvertierte, damit er zum Bürgermeister gewählt wurde: Namen, Gesichter, Geschichten. Als ich das Museum verlasse, habe ich mindestens dreißig Bücher gelesen, und dann kommt noch eines hinzu. Der erste Satz lautet *Iziko Iezoluleko Iwabafanzi ethsolweni*, das Oudtshoorn *female correctional centre*, mit getrennten Besuchszeiten für verurteilte und noch nicht verurteilte Bewohnerinnen, die hinter dem freundlichen blauen Zaun wohnen, hinter den glänzend weiß gestrichenen, geschlossenen Fensterläden und den üppigen grünen Zimmerpflanzen vor der hellroten Freitreppe. Doch drinnen wartet niemand auf mich. Ich schaue durch die halb geöffnete Eingangstür hinein, kein Mensch zu sehen.

X. Sehr früh war ich in Tunesien, Marokko, der Sahara. Später im Senegal, in Mali, Niger, Gambia. Jetzt auf Mauritius, Réunion und im äußersten Süden des Kontinents. Aber war ich wirklich in Afrika? Oder nur vorbeigeflogen? An den Rändern, den Umrissen? *Heart of Darkness* heißt das Afrika Joseph Conrads. Finsternis. Ich hingegen komme mir wie eine Motte vor, die auf das Licht zugeflogen ist, ein dunkles Licht, der unmögliche Gegensatz, der lockt und zugleich angst macht. Die pulsierende, mächtige Mitte, das unaufhörliche Theater der Kriege, die Armut, der Reichtum, die Stämme, die Grausamkeit, das Erbe des Kolonialismus, die Namen. Angola, Darfur, Uganda, Kongo, Togo, Benin. Katanga, Taylor, N'Krumah, Lumumba, Kabila, Mobutu, Mugabe, Annan.

Vielleicht war ich Afrika am nächsten, als ich die Märkte von Mopti und Bamako besuchte oder als ich auf der *Lady Wright* den Gambia aufwärts fuhr, eine andere Schiffsreise.

Daran denke ich auf dem Flughafen von Kapstadt. Irgendwo hängt eine Karte von Afrika, ich starre darauf und muß plötzlich an den vierten Akt von *Onkel Wanja* denken, der mit einer Regieanweisung beginnt: »Ein kleinerer Tisch für Astrow, darauf Zeichengeräte, Farben; daneben eine Mappe. Ein Käfig mit einem Star darin. An der Wand eine Afrikakarte, offenbar von niemandem benötigt« Später, als die Hoffnungslosigkeit der ganzen Gesellschaft – gescheiterte Karrieren, vergebliche Leben, hoffnungslose Liebe – mitleidslos dargestellt ist, kommt diese Karte kurz ins Spiel. Der Doktor ist verliebt in die eine, die er nicht bekommen kann, und hat der jungen Frau, die verzweifelt in ihn verliebt ist, gerade klargemacht, daß es keinen Sinn hat. Er geht zu der Karte von Afrika, betrachtet sie und sagt: »In diesem Afrika muß jetzt eine Hitze sein – schrecklich!«

Einst hat der alte russische Regisseur, der das Stück in der Nederlandse Comedie einstudierte, im vollen Americain diese Szene vorgespielt. Er tat es für mich allein, zwischen den Tischen des Cafés, ein unscheinbarer Satz, der eine enorme emotionale Wucht erhielt. Ich habe das nie vergessen, und jetzt, während ich auf diese andere Karte des Kontinents blicke, über den ich in Kürze hinwegfliegen werde, höre ich die alte Stimme auf deutsch mit dem russischen Akzent wieder und weiß, daß ich noch immer nicht wirklich in Afrika war.

2005 / 2010

6

Im hohen Norden

Im Flugzeug von Oslo nach Tromsø. Zwei Welten, das Land tief unter mir, die Karte auf dem Schoß. Draußen geht die Sonne gerade unter, die Wolken, die über dem Land auf meiner Karte hängen, sind von Max Ernst gemalt, surreale, aufgeblähte Luftgebilde, Geschwader, die an uns vorbeischießen, Feuer in Grau, das Land unter uns bereits dunkel, immer unsichtbarer, eine Ahnung. Auch wenn es rätselhaft ist, von Chaos kann dennoch keine Rede sein, denn auf der Karte sind Straßen eingezeichnet, es gibt Orte, Häfen, Namen. Die dünnen grünen Linien sind Provinzgrenzen, die dickeren geben an, wo in dieser Unermeßlichkeit das eine Land anfängt und das andere aufhört, Rußland, Finnland, Norwegen. Wir, eine kleine Gruppe schreibender Reisender, sind eingeladen, eine Woche im hohen Norden zu verbringen. Ob unsere Reise mit der jüngst entstandenen Aufregung um den Pol und den von Rußland erhobenen Ansprüchen zusammenhängt, weiß ich nicht, zumindest spricht niemand darüber. Wir werden Bibliotheken und Museen in den fernen nördlichen Städten besichtigen, in die wir kommen, eine Universität, die Zentrale der Erdölindustrie, eine Fischverarbeitungsfabrik – ein wenig wie die Königin auf Arbeitsbesuch. Unser erstes Reiseziel, Spitzbergen, liegt so weit im arktischen Norden, daß es nicht mehr auf der Karte ist, obwohl diese so groß und detailliert ist, daß ich Mühe habe, die Namen der Orte zu finden, die sich in der kommenden Woche in Realität verwandeln werden, Tromsø, Hammerfest, Kirkenes, weit voneinander entfernte Punkte in einer Unendlichkeit von Land, Buchten, Fjorden, Inseln, Seen. Wer die Verführung von Karten und die Begierde, die sie auslö-

sen, nicht kennt, wird sich meine Aufregung kaum vorstellen können – Tausende von Quadratkilometern ohne Straßen, beige, hellgrün, dazwischen immer wieder das Blau des Meeres oder eines Binnengewässers, finnische oder norwegische Namen, die Berge und Ebenen bezeichnen, oder Flüsse, an denen keine Siedlungen liegen, tatsächlich existierende geographische Orte, die ich nie zu Gesicht bekommen werde, die Verlockung des Unmöglichen. Gabmaskaide, Doaresjokrassa, Kipperfjordfjellet, eine Kantilene faktischer Unerreichbarkeit und dennoch echt, kartiert, vermessen, gezeichnet.

Die Wetterrubrik der Zeitung, die ich nicht lesen kann, zeigt Aquarelle von Wolken mit einer Sonne dahinter, später in dieser Woche wird die Temperatur in Tromsø tagsüber 2 bis 5 Grad betragen, in Longyearbyen, der Hauptstadt von Spitzbergen, 1 bis 4. Wir setzen zum Sinkflug an, von der Sonne bleibt noch ein wenig Tafelsilber, das dann aber auch verschwindet, die tiefer gelegene Wolkendecke ist fett geworden, wie ein riesiges Stück angeschimmelter

Speck erstreckt sie sich bis zum Horizont, bevor wir sie in Regenschauern durchbrechen, plötzlich sind all diese Inseln auf der Karte Realität, ich sehe die Lichter und Hügel von Tromsø, eine Stunde später gehe ich durch verregnete Straßen, vorbei am gelbbraun gestrichenen Dom, an einem Lokal mit russischen Mädchen, an der steil aufragenden Eismeerkathedrale. Das Bild, das ich auf Fotos gesehen habe, grellbunte Holzhäuser an stahlblauem Wasser, wird gelöscht, plötzlich bin ich in einer flachen nördlichen Provinzstadt, die nach Meer und Ferne riecht. Von hier aus werden wir morgen nach Svalbard aufbrechen, wie die Norweger den Archipel nennen. Svalbard: Kalte Küste. Bevor es soweit ist, schaue ich noch in einem niedrigen rot gestrichenen Holzhaus am Wasser vorbei, dem Polarmuseet, eine harte Wirklichkeit reduziert auf Tableaux vivants, die in all ihrer Stümperhaftigkeit doch etwas von den extremen Bedingungen ausdrücken: ein erstarrter einsamer Fischer, zwischen Eisschollen rudernd; das monumentale Gerippe eines Walrosses und daneben

237

sein unvorstellbarer Penis; Amundsen, verkleidet mit einer danteartigen Kopfbedeckung, streckt das mächtige Haupt zur Tür hinaus, die Nase wie ein Eisbrecher. Vor den Holzbalken einer nachgebauten Hütte sitzt ein Seemann in Gestalt einer Puppe und rupft eine Schneegans, sein Gewehr und die Naturholzlatten, die seine Skier sind, stehen neben ihm. Bruder Bär, beängstigend groß, Schwester Fuchs, spitz und listig, fast täuschend lebendig, Tiere, ausgestopft wie Reliquien, der melancholische Kopf eines Seehunds, Fotos von Gletschern und im Schnee eingeschlossenen Hütten, von Walfängern und Schneestürmen, alles riecht nach Gefahr und Einsamkeit, Mensch und Tier im Kampf mit den Elementen und miteinander. Und in der Hauptrolle der Tod, ich habe genug Geschichten von Polfahrten gelesen, um mir den Rest zu denken. Aufgehängte Polarfüchse, dann hinter Glas ihre zarten Schädel, überraschend klein, mit den bösartigen Zähnen. In einem anderen Schaukasten die perfide Falle, mit der ein Eisbär sich selbst erschießen kann, ich weiß, wie nah ich dieser Welt bin und wie fern zugleich. Am nächsten Abend, im Hotel in Longyearbyen, wird sich dieses Gefühl noch verstärken. Man sitzt an einem Tisch bei einem Glas Wein und weiß, daß man nur noch etwas mehr als tausend Kilometer vom Pol entfernt ist – für ein paar tausend Dollar kann man mit einem alten russischen Hubschrauber hinfliegen –, und *einen* frivolen Augenblick lang lassen sich dann all die Geschichten, die man gehört oder gelesen hat, nicht mehr mit dem Luxus und der Sicherheit in Einklang bringen, die einen umgeben. Willem Barents, die Überwinterung auf Nowaja Semlja, Amundsen, Nansen, Scott, die Geschichten von Skorbut und Hungertod, die einsamen Gräber überall auf diesem Archipel.

In seinem Buch *Die Schrecken des Eises und der Finsternis* gibt Christoph Ransmayr eine grauenhafte Beschreibung der heroischen Expedition von Julius Payer und Carl Weyprecht 1872-1874, die mit ihrem Schiff *Admiral Tegetthoff* im Eis eingeschlossen wurden und ihre Boote zu Fuß über das unwegsame Packeis zurückschleppen mußten, bis sie endlich offenes Gewässer erreichten und von einem russischen Walfänger gerettet wurden. Das einzige, was heute noch schwach daran erinnert, ist die Aufforderung, nicht allein und schon gar nicht unbewaffnet in die Hügel rings um das Städtchen zu gehen, denn die hier lebenden Bären haben oft Hunger, und wenn es sein muß, fressen sie auch Menschen. Wer selbst keine Waffe hat, muß sich einen bewaffneten Begleiter suchen.

Den ersten Blick auf Spitzbergen werfe ich aus der Luft, und ich sehe, was Barents sah: spitze Berge. In einem englischen Buch (*No Man's Land* von Sir Martin Conway, 1906, Faksimile-Ausgabe Oslo, 1995) lese ich eine Schilderung jener frühen Tage. Zwei Schiffe waren am 18. Mai 1596 von der westfriesischen Insel Vlieland ausgelaufen, auf dem einen Willem Barents und Jacob van Heemskerk, auf dem anderen Jan Cornelisz. Rijp. Am 9. Juni erreichten sie »Bear Island«. Acht Mann von jedem Schiff gingen in zwei Schaluppen an Land. Sie fanden eine Unzahl von Möweneiern an der Küste, doch beim Abstieg von einem hohen Schneehügel weiter landeinwärts brachen sie sich wegen des steilen Gefälles und einer Reihe gefährlicher Felsen fast das Genick, so daß sie es vorzogen, auf dem Hintern hinunterzurutschen. Drei Tage später sahen sie einen »weißen Bären«, den sie fangen wollten, doch das Tier war so groß, daß sie es nicht wagten. Sie ruderten zum Schiff zurück und bewaffneten sich mit Musketen, Hellebarden und Beilen. Vier Glasen (zwei Stunden) lang kämpften sie mit dem Bären, der mit einem Beil im Rücken davonschwamm, schließlich aber doch erlegt wurde. Die Männer aßen von seinem Fleisch, das ihnen aber nicht bekam. Dabei hatten sie noch Glück, eine ganze Reihe Polarreisender ist nach dem Genuß von Eisbärenfleisch gestorben, vor allem die Leber kann giftig sein. Sie nannten die Insel Beeren Eylandt (heute Bjørnøya) und fuhren am 13. Juni weiter in Richtung Norden. Am nächsten Mittag erblickten sie Land – sie befanden sich wahrscheinlich noch weit auf See, auf 78° 15′ nördlicher Breite – westlich dessen, was sie den Grooten Inwyck nannten, den heutigen Isfjorden.

Am 16. Juni stoßen sie auf Packeis und fahren in östlicher Richtung weiter, bis sie auf 80° 10′ »hohes Land, völlig mit Schnee bedeckt« sehen, die Nordküste Spitzbergens. Eine Woche lang kreuzen sie vor der Insel und gehen dann vor Anker, das Land, so schildern sie es später, ist »gebrochen und besteht ausschließlich aus Bergen und spitzen Hügeln, weshalb wir es Spitzbergen nannten«. Es war ihnen nicht klar, daß sie eine neue Insel entdeckt hatten, da sie dachten, sie befänden sich auf Grönland; sie fuhren aber zum Glück unbekümmert damit fort, allem einen Namen zu geben. Man kann wegen des Eises nicht weiterfahren, kehrt um und nennt dieses Binnengewässer Keerwyck (Wendebereich); oder man findet die mächtigen Zähne eines Walrosses, tauft die Bucht Tandenbaai (Zahnbucht) und nimmt das Land dann auch gleich offiziell in Besitz, indem man einen Bericht von seinem Besuch zurückläßt. Der Rest ist Geschichte. Rijp und Barents trennen sich,

Barents wird vom Eis auf Nowaja Semlja eingeschlossen, überwintert mit seiner Mannschaft in der Finsternis der eisigen Einsamkeit in einer aus Treibholz selbstgebauten großen Hütte und versucht, wie knapp drei Jahrhunderte später die Besatzung der *Admiral Tegetthoff*, im Frühjahr 1597 die offene See zu erreichen, stirbt aber am 20. Juni unterwegs an Skorbut. Die anderen gelangen nach einer grauenhaften Fahrt endlich in offenes Gewässer und werden dort von zwei russischen Schiffen geborgen. Nicht lange danach finden sie Skorbutgras, wodurch sie teilweise wieder genesen, und fahren dann in direkter Linie übers Meer zur Mündung des Petschora, wo sie am 4. August eintreffen. Einen Monat später stoßen sie bei Kola im Weißen Meer auf das Schiff von Jan Cornelisz. Rijp, von dem sie vor über einem Jahr Abschied genommen hatten. Fast dreihundert Jahre später findet Kapitän Elling Carlsen aus Hammerfest die Überreste von Barents' Hütte, 16 Meter lang, 10 Meter breit. Er sammelt verschiedene Gegenstände ein, die während dieser ganzen Zeit im Eis überdauert

haben. Zusammen mit weiteren 112 Überbleibseln von einer anderen Expedition liegen sie nun im Rijksmuseum von Amsterdam.

Es ist Abend in Longyearbyen. Ich habe meinen Gang durch die schmale Stadt gemacht. Stadt ist vielleicht ein zu großes Wort, Siedlung wäre angebrachter. Auch hier gibt es ein Polarmuseum, moderne, gewagte Architektur. Alles, was ich gerade gelesen habe, wird durch die Abbildungen und Fundstücke noch dramatischer. Danach möchte ich noch einen kleinen Spaziergang am Wasser entlang machen. Ich habe das Museum hinter mir gelassen, nun hat mein Laienverstand alles mögliche zu verarbeiten. Die Straße ist zu dieser späten Stunde leer und düster, in der Ferne sind ein paar Häuser zu erkennen, das Wasser links von mir ist ein Binnengewässer, das umliegende Land rostbraun, die Hügel in der Ferne grauer Stein, im oberen Teil schneebedeckt. Spitzbergen ist größer als die Niederlande und Belgien zusammen, doch in allen Siedlungen der Inselgruppe wohnen insgesamt keine 3500 Menschen. Ich versuche mir zu vergegenwärtigen, was ich gerade gelesen habe: Im Mesozoikum, vor 250 Millionen Jahren, lag Spitzbergen dort, wo heute Spanien liegt, es driftete auf den sich verschiebenden tektonischen Platten in Richtung Norden; obwohl mir das schon sonderbar vorkommt, kann ich mich staunend weiter in Zahlen und Entfernungen verlieren, denn noch weiter zurück lag der Archipel, der heute zu 60 Prozent aus Eis besteht, sogar südlich des Äquators. Die Welt, so scheint es, hat damals in einem fort gebrodelt und ist dabei manchmal übergekocht, Bergrücken schmolzen, Felswände wurden zusammengefaltet, Gesteinsarten miteinander vermengt, flüssiges Magma strömte an die Oberfläche und erstarrte zu Granit – eine lange, wütende Märchenerzählung, in der Steine zu langen Bändern gedehnt werden, Sümpfe sich mitsamt ihrer Vegetation in eine Kohleschicht verwandeln, Dinosaurier erscheinen und wieder verschwinden und sich auf dem Boden des Kochtopfs Fossilien ablagern, die nach seiner Erkaltung von einem Leben berichten, in dem die Natur noch ohne uns auskam. Es wird neblig, die Straße, *vei 400*, fährt nach Adventdalen, aber so weit werde ich nicht gehen. In der Dämmerung sehe ich ein fernes Licht und beschließe, noch bis dorthin zu spazieren; als ich näher gekommen bin, stelle ich fest, daß es ein eingezäuntes Gelände mit vielen kleinen Holzhütten ist, in denen Polarhunde wohnen und auf den Winter warten. Sie liegen an Ketten, strecken den Kopf aus der Fensteröffnung ihrer Hütte. Auf mich sind sie nicht neugierig, schauen mit diesen merkwürdig leuchtenden Augen durch mich hindurch, für sie bin ich ein Niemand, denn ich hole sie nicht für eine Fahrt zum Nordpol. Alles, was man über Tiere sagt, ist reine In-

243

terpretation, und es ist wahrscheinlich auch Unsinn, wenn ich sage, sie sind schön, doch über diesem Ort liegt eine unbenennbare Melancholie und auch eine Ablehnung, als müßte man, um ihre Aufmerksamkeit zu gewinnen, einer anderen Ordnung angehören, besser zur Landschaft passen; ich dagegen bin ein in keiner Gefahr erprobter Spaziergänger, gewogen und für zu leicht befunden.

Auch am nächsten Morgen spüre ich das, als ich über den Sjoomradet in die andere Richtung gehe, zum Industriegelände und dem kleinen Hafen im Adventfjorden, von wo aus wir einen Tag später mit dem Schiff zu einer aufgegebenen russischen Bergarbeitersiedlung namens Pyramiden fahren werden. Die modernen Nutzbauten zeichnen sich klar gegen die markante Umgebung ab, fröhliche Farben, gerade Linien, die Schiffe in der Werft totenstill im metallenen Wasser, wenig Menschen, und all das vor dem Hintergrund der stumpfen, enthaupteten Berge auf der anderen Seite, ungeschlachte Tiere mit Schnee an den Flanken. Gastanks, Fabriken, Autos. Ob es durch die Stille kommt, weiß ich nicht, jedenfalls scheint es, als wäre jedes Gebäude einzeln hingemalt, Bilder eines hyperrealistischen Malers, der die Stille als zusätzliche Dimension hinzugefügt hat. Ein Schiff in dunkler Mennige, eine Ölpipeline, ein hoher Fabrikturm mit einem einzigen Licht – wenn hier ein Auto vorbeikommt, ist das ein Ereignis. Ich frage mich, wie es im Winter sein muß, wenn die Sonne für vier Monate verschwindet. Longyearbyen ist der einzige größere Ort, hier leben 1800 Menschen. Weiter nach Norden gibt es noch die russische Kohlengrube Barentsburg, die seit den jüngsten russischen Exerzitien am Pol mit einem gewissen Argwohn betrachtet wird. Die

Siedlung liegt teilweise außerhalb der norwegischen Jurisdiktion, etwa 800 Russen wohnen hier. Ein Stück weiter nördlich kommt Ny-Ålesund mit vierzig Seelen, alles, was dann noch weiter im Norden liegt, ist unzugänglich und zumeist Sperrgebiet. Zwischen den einzelnen Siedlungen auf Spitzbergen gibt es keine Straßen, irgendwo steht noch eine automatische Wetterstation, aber dort wohnt keiner mehr, nur während des kurzen Sommers fahren Yachten an den unwirtlichen Küsten von Nordaustlandet und Kvitøya entlang. Im Januar und Februar können die Temperaturen in Longyearbyen auf mehr als 40 Grad unter Null sinken, im März ist es noch kälter – wie lebt man unter solchen Bedingungen? Es geht, lautet die Antwort, und leicht provozierend wird hinzugefügt: »Und wenn der Winter vorbei ist, tauschen wir alle unsere Partner.« Es ist eine lange Nacht, die Polarnacht, und ich begreife, daß keiner, der das nicht erlebt hat, mitreden kann. Wie mag es wohl sein, den Winter hier zu verbringen? Im November wird es um die Mittagszeit noch Tag, dann aber breitet sich die Dunkelheit allmählich immer mehr aus. Im Dunklen zur modernen Bibliothek gehen, beim Licht der Sterne oder (sofern er scheint) des Monds knapp oberhalb des Horizonts, und dort endlich alles lesen, was man schon sein ganzes Leben lang lesen wollte? Wie lange hält man das aus, wenn man freiwillig dort ist? Was machen die Einheimischen? Man gewöhnt sich daran, sagen sie, es gibt schließlich Bücher, DVDs und CDs, man kann an der Fernuniversität studieren, es gibt alle möglichen Vereine, und schließlich haben wir unseren Job – wir sterben weiß Gott nicht vor Langeweile, und wenn alles klappt, kommt jeden Tag das Flugzeug aus Tromsø mit den Zeitungen. Und manchmal sieht man das Polarlicht …

245

Der nächste Morgen. Wir werden in einen Bus gesteckt. Alle sehen verkleidet aus, die Bootsfahrt nach Pyramiden und zurück wird zehn Stunden dauern, man hat uns vor eisiger Kälte auf dem Wasser gewarnt, Thermounterwäsche empfohlen, Mützen, Sonnenbrillen wegen des grellen Lichts bei den Gletschern, feste Schuhe, weil das Gelände, wo wir an Land gehen werden, teilweise unwegsam ist. Ich hatte keine Vorstellung davon, was uns erwartete, doch daß es kein ganz normaler Ausflug würde, war mir beim Anblick der Gewehre klar, die ich irgendwo herumstehen sah. Pyramiden mußte, wenn ich es richtig verstanden hatte, eine ehemalige russische Zeche sein. Aufgrund internationaler Verträge aus dem frühen 20. Jahrhundert besaß die Sowjetunion das Recht, die Rohstoffvorkommen in Pyramiden wie die im heute noch genutzten Barentsburg auszubeuten. Daran änderte sich auch nach dem Untergang der Sowjetunion nichts, bis 1996, fast von einem Tag auf den anderen, die gesamte Bevölkerung von Pyramiden wegging und die riesige Anlage dem Polarwinter überließ. Der Zweite Weltkrieg hatte sowohl die Deutschen als auch die Russen von der Nützlichkeit der Kohlevorkommen in diesem Teil der Erde überzeugt, und die neuen Ansprüche der Russen in dem Gebiet beweisen ihr unvermindertes militärisches und wirtschaftliches Interesse – schließlich könnte sich auch noch Erdöl oder Gas oder Gott weiß was unter all dem Eis befinden. Folglich gibt es immer wieder Diskussionen darüber, welche Seegrenze wo verläuft; entlang der gesamten Küste darf innerhalb einer 370 Kilometer breiten Zone jedenfalls keiner fischen, ausgenommen die Norweger selbst. Es sind also eindeutig norwegische Gewässer, die wir auf der *MS Langøysund* befahren. Abgesehen von der Kälte ist mir vor allem die Farbe Grau in Erinnerung – und die maßlose Einsamkeit der Landschaft. Kaum eine Spur menschlicher Anwesenheit, ein russisches Schiff vor Anker mitten in einer Bucht, eine kleine Holzhütte an einem verlassenen steinigen Strand sind das einzige, was wir für Stunden sehen. Einsame Landschaften, gibt es das? Wahrscheinlich nicht, aber was soll man sonst von diesen grauen Steinmassen sagen, deren verwitterte graue Ausläufer ins gleichfalls graue Wasser reichen? Das Schiff folgt der Küste, durch und durch abwehrende Anhäufung von Stein ohne sichtbare Vegetation, Land, auf dem sich, wie es aussieht, nie Menschen bewegt haben, kahl und dann doch manchmal rostfarben oder ockerbraun, wo es von Moos bewachsen ist, später das gefährliche Glitzern des Nordenskjöld-Gletschers. Das Schiff will möglichst nahe heran, bis wir schließlich in einem wie Onyx polierten Wasser mit unzähligen geschliffenen kleinen Eisblöcken liegen. Die Biologen unter uns packt helle Aufregung beim Anblick der Vögel, Dreizehenmö-

wen, Elfenbeinmöwen, Krabbentaucher, Schneeammern und Papageientaucher, manchmal dürfen wir kurz durch ihre Ferngläser schauen, aber die Vögel sind schneller als unsere eingefrorenen Bewegungen, schließlich leben sie hier. Gegen Mittag haben wir Pyramiden erreicht und legen an einem langen Pier und einer Art hoher eiserner Eisenbahnbrücke an, über die Züge gefahren sind. Die Berge hier haben die Farbe von altem Leder. Plötzlich tragen ein paar Männer ein Gewehr auf dem Rücken. Wir gehen in lockeren Grüppchen über den matschigen Boden, als ich mich umdrehe, sehe ich, wie eine niedrige Wolke am Pier entlangsegelt, an dem unser Schiff jetzt verlassen liegt. Wir bekommen eine Stunde Zeit, und das wird eine Stunde, eingetaucht in komplette Vergangenheit, ein Pompeji ohne Leichen. Hier hat kein Vulkan gewütet, doch der Effekt ist der gleiche: Als ob eines Tages die Pest ausgebrochen wäre, so liegt alles da. Gebäude leer, Kulturpalast leer, der große, freie Platz mit dem Leninstandbild leer, das Schwimmbad leer. Fast als erstes springt mir ein klei-

nes Holzgebäude mit einem Schild in kyrillischen Buchstaben ins Auge und darunter, auf dem Boden, die Porträts von Marx und Lenin, niemand hat sie mitgenommen. Mit einer gewissen Scheu streift man durch die Räume, Familienbilder, Arbeitspläne, umgefallene Schirmlampen, nicht von ungefähr muß ich an Ostdeutschland nach der Wende denken, sogar der Geruch erinnert daran. Irgendwo das furiose Gemälde eines Sowjetsoldaten, der mit seiner Kalaschnikow im Anschlag über die Leiche eines deutschen Soldaten springt, vor dem stahlblauen Himmel ein Panzer und ein Flugzeug. Eine vergilbte Zeitung, eine zugenagelte Tür, ich muß an den Titel eines Buches von Dimitri Verhulst denken, *De helaasheid van de dingen* (Die Vergeblichkeit der Dinge). Durch die schmutzigen Scheiben sehe ich draußen das riesige Industriegelände des Bergwerks, rostige Kräne, leere Lagerhallen, Pipelines, die den fahlen Hügel hinaufklettern, sinnlos gewordene Gastanks, arbeitslose Gabelstapler, und das alles vor dem Hintergrund der Natur, die parat steht, ihr Gebiet zurückzuerobern. *Bar,*

Museum, lese ich in roten Buchstaben auf zwei Schildern an einer gelben Backsteinmauer, doch was soll ich mir darunter vorstellen? Fast 1500 Menschen haben in dieser geschlossenen Enklave gelebt, viele Stunden mit dem Schiff vom einzigen anderen bewohnten Ort entfernt. Es gab sogar ein (norwegisches) Postamt, das Schild hängt noch neben einem englischsprachigen Plan: *farm, canteen, hospital, office, landing ground*. Was von der Inneneinrichtung übrig ist, gehört selbst schon in ein Museum, die verlassene Kantine, die unter dem Schutt des Verfalls begrabenen Stühle. Draußen eine Holzskulptur in Form eines kleinen Turms, obendrin Hammer und Sichel, und darüber wiederum stilisierte weiße und rote Flammen, so starr vor der Abraumhalde, als wären sie mit der Laubsäge ausgesägt. Vor dem Hauptgebäude steht noch ein großes, rundes Schild mit dem Namen der Betreiberfirma, Arktikugol. Es zeigt den oberen Teil eines eisblauen Globus und über zwei gekreuzten Hämmern die Zahl 79, der Breitengrad, auf dem wir uns befinden. Über dem Pol, der durch einen kleinen Kreis markiert ist, schwebt der rote Sowjetstern. Das Ganze wird gekrönt von einem riesigen Eisbären. Der Sowjetstern existiert nicht mehr, doch der Traum, den die Zeichnung versinnbildlicht, ist noch nicht ausgeträumt, irgendwo unter all diesen Eismassen hat das neue Rußland bereits seine Claims abgesteckt. Als wir zwischen unseren bewaffneten Beschützern zum Schiff zurückgehen, sehe ich den Kopf Lenins, der über die leeren Gebäude seiner verlassenen Siedlung hinweg zu den Eisbergen in der Ferne blickt. Kinn gereckt, stechender Blick, denkt dran, ich bin noch nicht weg. Vielleicht heiße ich demnächst Putin oder Gazprom oder einfach wieder Rußland, denn das, was ihr für Eis gehalten habt, ist vorgeschobenes Land, das

sich bis weit ins Polarmeer erstreckt, und dieses Land gehört uns, mit allem Drum und Dran.

An den darauffolgenden Tagen reisen wir nach Hammerfest und Kirkenes, eine alte Sehnsucht. Immer habe ich auf
die endlosen Straßen, die Norwegen durchziehen, gestarrt,

nie gedacht, ich würde auf diese Weise dorthin kommen. Rom ist näher an Oslo als Hammerfest, erzählt mir jemand. Hammerfest, die nördlichste Stadt der Erde, am Tag unserer Ankunft ist alles grau in grau, doch eine Flamme scheint die gesamte Bucht zu erhellen. Dies ist eine Gas- und Ölhauptstadt und eine wichtige Quelle des immensen Reichtums von Norwegen. Wir erfahren in einem Crashkurs, wie das alles funktioniert, sehen die Marmorsäule, die 1854 zur Feier der Tatsache errichtet wurde, daß der Erdumfang erstmals exakt vermessen worden war, dürfen dann hinter einer Glasscheibe Männern und Frauen zuschauen, die offensichtlich aus allen Himmelsrichtungen gekommen sind, um hier am Fließband Fische für die ganze Welt zu säubern und damit das Geld zu verdienen, mit dem sie ihre Familien in anderen Teilen der Welt ernähren.

Die letzte Stadt, die wir besuchen, ist Kirkenes, wo die Straßen ihre Namen auf norwegisch und auf russisch führen. Es liegt genauso weit östlich wie Istanbul und ebensoweit von Oslo entfernt wie Oslo von Rom. Murmansk ist nah, russische Schiffe werden hier repariert, rostig und ramponiert liegen sie im vom eisigen Wind beherrschten Hafen. Später in der Bibliothek wird die Verflechtung noch deutlicher, die Hälfte des Bücherschatzes besteht aus russischen Büchern, die russische Bibliothekarin gibt eine Einführung, die ihr norwegischer Kollege ins Englische übersetzt. Vierhundert russische Frauen leben in Kirkenes, und in den immer dunklen Wintermonaten wird viel gelesen. Es gibt nur wenige Straßen, *frontier* würden Amerikaner dazu sagen, Grenzgebiet, Abenteuerland. Der Seemannsclub, Autos mit russischen Nummernschildern

und, alles überragend, das hohe Denkmal, das die Norweger den sowjetischen Soldaten errichtet haben, die 1944 für die Befreiung Norwegens gekämpft hatten. Was nicht auf dem Denkmal steht, ist, daß die Sowjets nach getaner Tat nicht gleich wieder abzogen – einem Besucher vergleichbar, der von Herzen willkommen war, dann aber doch etwas zu lange blieb. Sowohl hier als auch auf Spitzbergen wurde hart gekämpft, Kirkenes erlebte mehr als dreihundert Luftangriffe, und bei ihrem Abzug steckten die Deutschen die Stadt so gründlich in Brand, daß nichts als verbrannte Erde zurückblieb.

253

Die Karte vom letzten Tag ist die schönste, die ich von dieser Reise noch habe. *Grense Jakobselv* steht darauf. Die Karte ist fast völlig blau, aber durch dieses Blau verläuft eine rosa Linie aus kleinen Kreuzen: auf der einen Seite russisches Gewässer, auf der anderen norwegisches. Ein ganz kleines Stück Land ist auch noch darauf zu sehen, allerdings keine Orte, nur Schraffuren, die Höhen und Tiefen angeben, Zahlen in Binnengewässern, die manchmal einen Namen tragen, weißes Land, wildes Land. Wir fahren von Kirkenes aus dorthin, auf der Route 886. Ab Bjørnstad hat die Straße keine Nummer mehr, der Fluß neben uns ist die Grenze, auf unserer Seite sind die Grenzpfähle gelb, die russischen auf der anderen Seite rot und grün. Der genaue Grenzverlauf ist dort, wo die Fahrrinne am tiefsten ist. Sumpfig ist das Land, überall niedrige Sträucher mit orangeroten Beeren, sibirischer Schnittlauch, teigfarbene Schwämme, Blumen in Weiß und Karmesin, niedrigwüchsige Grünpflanzen, die aussehen wie Queller. An der Küste sind die Felsen schiefergrau, glattgeschliffen, voller Brüche und Kerben, die Handschrift des Meeres. Der Kalte Krieg ist Geschichte, allerdings nicht für denjenigen, der ihn miterlebt hat. Budapest '56, Berlin '53, Berlin '89, oft genug habe ich die beiden Systeme aufeinanderstoßen sehen, und hier verhält es sich nicht anders, auch wenn die Fronten nun der Vergangenheit angehören. In der Verlassenheit rechts sehe ich die russischen Baracken, in denen die Grenzsoldaten gewohnt haben, etwas weiter entfernt die hohen Wachtürme auf den Felsen. Links, auf norwegischer Seite, die Abhörstation der NATO, »die jedes Geräusch auffangen konnte«.

Es wird wohl Einbildung sein, doch noch immer liegt etwas von der Drohung jener Zeit in der Luft. Man steht

254

an der Stelle, an der der Fluß ins Meer mündet, blickt auf die jetzt harmlosen Gebäude und auf die unsichtbare Grenze, die damals für jeden, der über sie zu flüchten versuchte, den Tod bedeutete. Nicht weit davon entfernt steht eine frühere Warnung, die 1869 erbaute Kapelle König Oscars, ein trutziger Bau aus Gneis, ein Zeichen, dazu bestimmt, den russischen Nachbarn klarzumachen, wer hier der Herr war. Als wir näher kommen, halten gerade ein paar Autos für eine Sami-Hochzeit, Frauen in Tracht, Männer in schwarzen Anzügen, die eigentlichen Bewohner dieser Region, die früher umherziehen konnten, ohne sich um Grenzen zu kümmern, Menschen des äußersten Nordens. In meinem Notizbuch finde ich später die Verhaltensregeln des Grenzgebiets, die ich am Meer von einem Schild abgeschrieben habe. Nicht-Norwegern ist es verboten, im Pasvik zu angeln, und in dem Fluß, vor dem wir jetzt stehen, dem Jakobselv, dürfen nur Menschen angeln, die seit mindestens einem Jahr in Norwegen leben. Befahren werden darf der Fluß nur mit Kennzeichen, die von der norwegischen Grenzkommission vergeben werden, und nie nachts. Es ist verboten, die Grenze zu überschreiten, um Kontakt zu Leuten von drüben zu suchen oder ihnen in beleidigender Weise gegenüberzutreten. Es ist auch verboten, russische Militäranlagen, Material oder Personal zu fotografieren oder etwas über die Grenze zu werfen. Jeder Versuch dazu wird bestraft, als wäre es eine vollendete Tat. Es gibt schließlich Grenzen.

2008

7
Das Zeichen des Reisenden

Balinesische Notizen

Gibt es eine Archäologie der Bewegungen …? Ich werde nicht immer so intelligent wach, doch dieser Gedanke ist das Überbleibsel eines Halbtraums, aus dem nun langsam der Anlaß zu der Frage verschwindet. Wiegend verschwindet, sollte ich sagen, denn es handelt sich hier um einen schlanken, anmutigen Frauenarm, der sich nach einem flachen geflochtenen Korb hinaufstreckt, in dem hoch aufgetürmt Früchte auf tiefgrünen Palmblättern liegen. Bananen von einem tiefen Ocker, Orangen in der Farbe von Ringelblumen, alles in einer perfekten Geometrie, eine Komposition von höchster Ordnung, die die Vorstellung von Vollkommenheit erweckt, von einer Gesetzmäßigkeit, die sich nur durch ewige Wiederholung erzielen läßt. Ich möchte noch kurz bei diesem Traumbild verweilen und würde gern auch Kopf und Körper der Frau sehen, doch sie verschwindet mit langsamen, wiegenden Bewegungen aus dem Bild, wie nur Frauen in Träumen das können, ihre Opfer verstört der Welt überlassend, die hier das Aussehen einer vanillefarbenen Wand hat, an der eine tote Mücke im Kranz des eigenen getrockneten Blutes klebt.

Ich kenne diesen Raum, hier war ich schon mal. Nun bin ich wiedergekommen, die Wand hat auf mich gewartet, fünf lange, geduldige Jahre. Ich wollte nach Bali zurückkehren, ich bin wieder da, das Gedächtnis rekonstruiert den Raum, den Nachttisch mit der Zeitung aus Singapur, der Zeitung von gestern. In Singapur war alles mögliche passiert, doch hier hat es seine Gültigkeit verloren. Nachtschränkchen, Tisch, Buch, Ventilator, das Moskitonetz gleich einem zerrissenen Brautschleier, als ich es zur Seite schiebe, rückt die Welt näher. Ich höre nun auch das Geräusch des Wassers, der Grund, weshalb ich erneut um dieses Zimmer gebeten habe. Jetzt weiß ich auch wieder, wie mein Körper in die Maße dieses Zimmers paßt. Ich sehe meinen Koffer, die Mattglastür zum Bad, den Weg zum Balkon, hoch über dem Fluß. Das war das Geräusch, das ich im Traum gehört habe. Die Frau war nicht *eine* Frau, es war eine langsame Prozession entlang einem Fluß, Frauen mit Opfergaben auf dem Weg zu einem Gott, den ich nicht kannte, ihrem hiesigen Gott. Ich trete hinaus auf den Balkon. Von hier geht es steil hinunter, das Grün ist unglaublich. Es ist grell, es ist gemein, es schneidet in die Augen, es ist barbarisch, es ist wild, es ist unbeschreiblich, weil es nicht beschrieben werden will, eine orgiastische Ansammlung von Organen, Lappen, Dolchen, Fetzen, noch weinend vom Tau, der bereits zu dampfen beginnt. Tief unten der Fluß. In diesen fünf Jahren hat er keine Sekunde stillgestanden, ich hätte genausogut bleiben können. Er wird mir heimzahlen, daß ich dachte, ich könnte durch die Welt gondeln, er rauscht wie toll, hat nicht vor, je damit aufzuhören, er muß das Tal auswaschen, hat einen Auftrag, ist beschäftigt. Ich lasse dieses Geräusch in mich hineinfließen und spüre, wie die Reise hierher langsam von mir geschält wird. Jetzt kehrt auch der Gedanke aus meinem Traum wieder zurück: Gibt es eine Archäologie der Bewegungen? Wie alt ist die Bewegung, in der eine Frau einen Opferkorb voller Früchte auf ihren Kopf hebt? Sie ist in Sarong und Kabaja gekleidet, golddurchwirkt, ihre Haut glänzt, sie verläßt ihr Haus und schließt sich den anderen Frauen an, gemeinsam bilden sie eine Prozession, jede Frau hat in der gleichen Bewegung die Opfergaben emporgehoben, jetzt sind sie auf dem Weg zu ihrem Gott, sie müssen ihn ehren oder feiern oder Unheil beschwören. Der Fremde weiß das nicht genau, doch das Bild genügt, er hat sie gesehen, er hat dieses Bild in seinem Archiv gespeichert, und es ist mit dieser Frage in seinen Halbschlaf zurückgekehrt. Ist die Bewegung so alt wie der Gott? Wie alt aber ist der Gott? Wenn Sie das wissen wollen, dann fragen Sie doch, wie alt der Tempel ist. Den Gott gab es freilich schon lange vor dem Tempel, und vielleicht gab es vor diesem Tempel bereits einen anderen. Bewegungen können nicht versteinern, sie müssen lediglich stets von neuem vollführt werden, ihre Geschichte ist uralt, doch ihre Archäologie trägt keine Jahreszahl. Es sind die gleichen, aber andere Frauen, die der Fremde gesehen hat, er hat in die Zeit geschaut, vielleicht ist ihm ein wenig schwindlig. Wiederholung ist ein Versuch der zyklischen Zeit, in die Nähe der Ewigkeit zu gelangen, an manchen Orten gelingt das besser als an anderen.

Staubig war es gestern abend in Ubud. Das Taxi war vom Flughafen in Denpasar hierher gefahren, das sind die Augenblicke, in denen eine Reise sich gegen einen kehren kann, dieses Gefühl kannte ich, der Schwarm lärmender Motorroller links und rechts, neue Gebäude, die aussehen wie alles im Rest der Welt, Stumpfsinn, und dann mit einemmal, als wir nach Ubud kamen, diese Frauenprozession, die von der Straße abbog. Das Taxi gebeten, anzuhalten, an das Brückengeländer getreten und gesehen, wie die Frauen am Fluß entlanggingen, ihre Farben, ihr tänzelnder Gang, ihr leises Reden, ihre Unbeirrbarkeit im Gewühl, die aufgetürmten Früchte, die dem Gott dargebracht würden.

Wann hört man ein Wort zum erstenmal? In der Schule mußten wir dies metrisch herunterleiern können: *Java/Su-*

matra / Borneo / Celebes / Bali / Lombok / Sumba / Sumbawa / Timor, halb portugiesisch. Letzteres bedeutete, daß eine dieser Inseln zur Hälfte nicht uns Niederländern gehörte, sondern den Portugiesen, alle anderen jedoch hatten auf eine nicht ganz klar ersichtliche Weise mit einem selbst zu tun, sie gehörten *uns.* Ich kann mich nicht erinnern, daß ich bei diesem Gedanken etwas empfand. Bilder in Schulbüchern vom Borobudur, mit graziösen Gestalten unter Palmen, Wörter, die sich zum erstenmal im Gehirn einnisteten und nie mehr daraus verschwinden sollten: *tuan, dessah, bandjir, sarong, sawah, nasi,* später, nach dem Krieg, finden die sogenannten Polizeiaktionen statt, die nichts weiter als ein Kolonialkrieg waren, es folgt die erste Lektüre von »Kolonial«-Literatur, Couperus, Székely-Lulofs, Daum, Friedericy, Dermoût, Multatuli, Breton de Nijs[1] – langsam nimmt, was im Verschwinden begriffen ist, Kontur an, es hat eine ganze Welt gegeben, die, endlos weit entfernt, zu einem gehört hatte und jetzt rasend schnell aus der Geschichte verschwand. Neue Namen, Sukarno, Hatta, Linggadjatti, eine fast in Tränen aufgelöste Königin Juliana, die alle diese Inseln auf einmal Menschen überträgt, die eben noch als Terroristen bezeichnet wurden – es war, als nähme sie diesen »Smaragdgürtel« öffentlich ab und legte ihn auf den Tisch, ihr Gesicht ist dabei benetzt, bleich, sie wirkt wie in Trance, vielleicht dachte sie an die Worte Multatulis, die sie zweifellos irgendwann gelesen hatte und in denen ihr Urgroßvater noch »Kaiser von Insulinde« geheißen hatte. Es zeigt sich, daß »Indien

---

1 E. Breton de Nijs (1908-1999), Pseudonym des Schriftstellers Rob Nieuwenhuys. Eines seiner bekanntesten Werke ist der autobiographische Roman *Vergeelde portretten uit een Indisch familiealbum* (Verblichene Porträts aus einem ostindischen Familienalbum) (Anm. d. Ü.).

verloren, Unheil geboren« eine leere Phrase war, die Niederlande überleben die Amputation, und der neue Inselstaat geht seinen unsicheren Weg, die Molukker kommen in die Niederlande, die »ostindischen« Niederländer waren bereits da, Den Haag entwickelt sich zu einem kulinarischen Paradies, und das Niederländische wird mit neuen Wörtern bereichert, *sajur lodeh*, *daging rendang*, *nasi puti*, *sateh kambing*, der Blick wird nostalgisch, in den verblichenen Porträts von Breton de Nijs sehen wir, auf der Suche nach der verlorenen Zeit, eine für immer entschwundene Epoche, einen schmalen, grazilen Susuhunan[1] am Arm eines plötzlich groß und grob wirkenden Niederländers, Hella S. Haasse schreibt *Die Teebarone*, Jacob Vredenbregt, ehemaliger Kriegsgefangener während der »Polizeiaktionen«, wird in das heutige Indonesien zurückkehren, sich dort als Bürger niederlassen und die Geschichte von der anderen Seite her erzählen, wie wir dort verschwanden und was danach kam, der Staatsstreich Suhartos, die Ermordung Tausender von Kommunisten, das Land driftet von uns weg, die Generation, die noch Niederländisch sprach, lebt nicht mehr, und nur ein Idiot wie ich denkt noch an diese Dinge, wenn er ein *splitje* (Whisky-Soda) im Hotel des Indes in Den Haag trinkt, in Bandung oder auf Bali herumspaziert oder im früheren Buitenzorg auf den weißen Zuckerbäckerpalast des *tuan besar*, des Generalgouverneurs, starrt. Heimweh nach kolonialen Zeiten? Nein, das nicht, eher ein literarisches Gefühl, nichts Rationales, Dinge, die mir nach der Lektüre von *Die stille Kraft*, *De laatste generaal* (Der letzte General), *Der schwarze See*, *Het land van herkomst* (Das Herkunftsland) in Er-

---

1 Susuhunan ist der Titel der Könige von Mataram und Surakarta (Anm. d.Ü.)

innerung geblieben sind, etwas von alldem spielt jetzt mit, während ich auf Bali bin mit den glänzenden Büchern von W. O. J. Nieuwenkamp und A. J. Bernet Kempers. Nieuwenkamp schilderte auf meisterliche Weise das Leben hier in den zwanziger und dreißiger Jahren, Bernet Kempers hat sich mehr als jeder andere um die Archäologie der Insel verdient gemacht. Er schrieb *Monumental Bali*, und an seiner Hand besuche ich hier die Tempel – *pura* –, es scheint, als habe er sie Stein für Stein aufgehoben und *gelesen*. Diese Bücher verkörpern die andere Seite des Kolonialismus, der 1906 auf Bali einen seiner dramatischsten und beschämendsten Momente erlebt hat, eine Apotheose von Unverständnis, Gewalt, Grausamkeit, Mord und Selbstmord, es sind Bücher der Liebe, dazu bestimmt, zu beschreiben, festzuhalten und zu bewahren.

Ich lasse Bernet Kempers' Gelehrsamkeit durch mich hindurchfließen, lese an den Orten, die ich aufsuche, was ich wieder vergessen werde, die Sagen von Königreichen aus Zeiten, lange bevor die Niederländer kamen, von Kriegen untereinander, aus denen das Blut verschwunden ist, von moosbewachsenen Ornamenten als Merkmalen bestimmter Stile, erfahre die Bedeutungen von Fabelwesen, Göttern samt ihren in all diesen Jahrhunderten verwitterten und in Mitleidenschaft gezogenen Attributen: der komplexe, aufgeladene Hintergrund all dessen, was ich mit meinen Händen berühren kann, so daß ich es während *eines* klaren, erleuchteten Augenblicks auch wirklich sehe, ohne all dieses Spezialistenwissen mit mir herumschleppen zu müssen, eine Erleuchtung, die einen in die Lage versetzt, in einem früheren Augenblick irgendwo anders in der Zeit zu sein, weil man gerade jetzt an diesem Ort im Raum steht und jemanden bei sich hat, der mit seinen Worten den Eindruck vermittelt, er sei dabeigewesen, als diese Figur gemeißelt, dieser Tempel erbaut wurde. Ist es schlimm, daß ich vieles von diesem Wissen wieder vergessen werde? Nein, denn die Essenz werde ich nicht vergessen, die Erfahrung, in solchen Augenblicken findet eine Erweiterung des eigenen Seins statt, das Denken weitet sich.

Ohne jeden Zweifel ist Bali hinter dem Müll des einundzwanzigsten Jahrhunderts, den allgegenwärtigen Bildern der großen Entzauberung noch immer eine von Geistern beseelte Insel. Es bedarf lediglich einer inneren Wünschelrute und der Bereitschaft, ihr zu gehorchen, sobald sie zu zittern beginnt.

Ubud

Alles wie beim letzten Mal. Die Hitze, die tausend Motorroller und Mopeds, das Schlappen der vielen Füße, das Restaurant am Lotusteich, die Männer und Jungen, die früher »Transport, Transport« riefen und jetzt »Taxi, Taxi«, wiedergefunden den Ort, wo ich damals geschlafen habe, 15 Euro auch heute noch und dasselbe Zimmer mit der vanillefarbenen Wand und der Mattglasscheibe zum winzigen Bad, der Hang voll tropischem Grün und unten an seinem Fuß der schnelle Fluß. Und genau wie damals, auf dem Weg zu meinem Zimmer, vorbei an der Bar mit dem Schilfdach, in der niemand je sitzt, gleich vor der kleinen Steintreppe nach unten: ein kleiner Kreis aus Blumen auf dem Boden, eine Opfergabe, um den Zorn der Unterwelt zu bannen. Von Geistern beseelt, wie gesagt. Hier kostet es wenig Mühe, es zu glauben. *A bouquet a day keeps the de-*

265

mons away. Die Benediktiner beten am Ende jedes Tages vor dem Schlafen *procul recedant somnia, et noctium fantasmata*, halte uns fern die Träume, die Trugbilder der Nacht.

Und Nacht wird es früh. Wenn ich bei Dunkelheit ins Hotel zurückkomme, gehe ich am Wächter vorbei, er lacht, ich lache, ich mache ein Kreuz neben den Dingen, die ich zum Frühstück möchte. Das Kreuz bedeutet leise Schritte auf der Terrasse um sieben Uhr, in der Kühle des Morgens. Die Frau von Zimmer 3, die immer hinter einem Moskitonetz auf ihrer Terrasse sitzt und liest und deren Gesicht ich während der ganzen Zeit nie richtig gesehen habe, liest auch jetzt noch zu dieser späten Stunde, weiß der Himmel, mit welchem Universum sie durch ihr Buch verbunden ist.

Unter den sanften Rufern auf den Gehwegen habe ich einen ausgesucht, Ketut, immer zum Lachen aufgelegt, Muslim ohne Probleme mit den Hindutempeln. Heute wollen wir nach Pura Sakenan fahren, Ketut, die Fotografin, unser ostindischer (und das ist etwas anderes als indonesischer) Freund Max, der aus seiner frühkolonialen Jugend die Wörter ausgräbt, die wir brauchen, sein Freund Will. Jedes Auto auf Bali fährt inmitten eines Luftgeschwaders aus Motorrollern, eines wilden Mopedschwarms. Luftgeschwader ist das richtige Wort, sie fahren nicht, sondern scheinen zu fliegen, man weiß nie genau, wo sie sich gerade befinden. Sollte sich der Fortschritt irgendwann einmal durchsetzen, so wird dieser besessene Schwarm in Form von Autos auf die Erde zurückkehren, dann bekommt das Paradies vierspurige Straßen, und die Engel werden vertrieben. Doch soweit ist es noch nicht. Ketut weiß, wie er sich durch tausend Engel hindurchmanövrieren muß, ohne einen zu streifen, ich muß mir manchmal die Augen zuhalten, denn meine Bilder sind nicht übertrieben, es sind zu manchen Zeiten Tausende, die auf den schmalen Straßen unterwegs sind. Durch die Helme ähneln die fernöstlichen Gesichter den Maskierten aus dem *Mahabharata*, doch sogar das Schwärmen ist ästhetisch, die Anmut der einzelnen Fahrer ist auf den gesamten Schwarm übergeschlagen, sie surfen auf Wellen, die niemand sieht.

Pulau Serangan

Zur Zeit Bernet Kempers' war Pulau Serangan noch eine Insel an der Südostküste Balis. Man konnte sie mit einer *prahu* (Prau) erreichen, mußte jedoch achtgeben, bei Ebbe nicht auf Grund zu laufen, weil man dann nicht mehr von der Insel kam. Diese Probleme gibt es nicht mehr, man hat eine Brücke gebaut. Auf den beiden Karten, die ich von Bali habe, ist sie nicht eingezeichnet, das heißt, ich weiß noch immer nicht, wie wir zu den beiden *pura* auf der Nordseite der Insel gekommen sind, vielleicht ist Ketut ja geflogen. Er bringt uns bis zu einem großen Schild, das Aufmerksamkeit erheischt: PERHATIAN! ATTENTION PLEASE!

Mag er auch Muslim sein – die Tabus anderer nimmt er ernst, und das Schild fordert uns auf, *to keep the sacral and the clean of this temple, so that: for women who are in coming moon is forbidden to enter the temple – is forbidden to climb the building – to make dirty the wall of the building, is not allowed for having sex, and it is forbidden to enter the temple without sarong.* Keines dieser verbotenen Dinge führen wir im Schilde, und für das Problem des Sarong gibt es ei-

267

ne alte Frau, die uns einen leiht. All diese verblichenen Fotos aus den Familienalben werden wird plötzlich unangenehme Wirklichkeit, nur Max und Simone können einen Sarong anmutig tragen, Will und ich werden sofort zu grobschlächtigen holländischen Verwaltungsbeamten neben einem javanischen Fürstenpaar. An diese Fotos aus der Kolonialzeit erinnere ich mich am besten, eine Veranda, ein javanischer oder balinesischer Regent mit all seinen Insignien und daneben derjenige, der wirklich das Sagen hatte, der niederländische Resident, fast immer etwas zu groß und etwas zu schwer, das Körpergewicht proportional zum Machtgewicht. Die Niederlande hatten den Adel seiner Macht beraubt und regierten trotzdem mit Hilfe dieser zuweilen uralten Geschlechter, die sich nach wie vor auf die Loyalität und den Gehorsam des Volkes stützen konnten.

Vorbei das alles, und so schlurfe ich mühsam in meinem etwas zu fröhlichen Sarong durch diese heilige Stätte an der Meerenge zwischen der Insel und dem Festland.

Wann ist ein Ort heilig?

Heidegger, einst ertappt in einer Abteikirche, als er sich mit Weihwasser bekreuzigte, antwortete auf die Frage, warum er das tue, da er doch nicht mehr glaube: »Wo so viel gebetet worden ist, waltet das Göttliche.« Hier trifft es zu, man kann sich dem nicht entziehen, die Stille will es, die Abwesenheit von Menschen, der Wind in den Waringinbäumen, das Alter, die riffelige Struktur aus Korallengestein der massiven *prasada*, einer gen Himmel strebenden Konstruktion aus verschiedenen Etagen, über die ich meine Hand wandern lasse, Fleisch über Stein. Meine papiernen Führer streiten sich. »Gegründet vom Reformer und Priester Dang Hyang Niratha im sechzehnten Jahr-

Pura Sakènan auf der Insel Serangan, candi bentar, *das gespaltene Tor*

hundert«, sagt der eine, nein, entgegnet der andere, »gegründet im elften Jahrhundert vom javanischen buddhistischen Priester Mpu Kuturan«.

Tausend Jahre alt, fünfhundert Jahre alt, spielt das eine Rolle? Derselbe Boden, derselbe Blick aufs Wasser, dieselbe fossile Koralle, die im Morgenlicht so tut, als lebe sie

Pura Sakènan

noch, eine versteinerte polynesische Erinnerung an große Völkerwanderungen über das Wasser, Urzeitreisen, die ihr Logbuch in Stein hinterlassen haben.

Ein Tempel ist nicht nur ein Gebäude, es sind Tempelgründe, Land zwischen hohen Bäumen, auf der einen Seite ein kleiner Flußlauf mit schwarzem Wasser und Mangroven, auf der anderen das weiträumigere Braungrün des Meeres, auf dem Fischer in Auslegerbooten vorbeifahren. Diese Prauen tragen ein weitgespanntes doppeltes Joch, das auf beiden Seiten in Schwimmkörpern endet, die im rechten Winkel zu den Enden der beiden zierlich gebogenen Bambusflügel angebracht sind. Vor dem Hintergrund der hohen Bäume steht das gemeißelte gespaltene Tor, das *candi bentar*, das man überall auf der Insel sieht, als sei eine geometrische göttliche Gestalt kerzengerade durch den weißen Stein geschritten und habe das geschlossene Tor magisch und mit mathematischer Präzision auseinandergedrückt.

Ein riesengroßes Ungeheuer blickt mich an. Wildschweinartige Hauer, hervorquellende Augen, dieser *kala* ist durch und durch abschreckende Drohung, sollte ich noch nicht wissen, daß ich mich in der Nähe des Göttlichen befinde, dann wird er mir das schon klarmachen. Ich versuche mir vorzustellen, welches Geräusch er dabei von sich geben würde, falls er könnte, die gesamte Insel würde erzittern. Leere Stellen zwischen den verwitterten Monumenten, zu anderen Zeitpunkten gehen hier Menschen umher, die die Ornamente und Symbole deuten können, die für sie zur täglichen Wirklichkeit gehören, Throne oder Sessel, die sie bei einem *odalan*, einem Tempelfest, ihren Göttern anbieten, damit diese darauf Platz nehmen können, aber auch, um an die Verstorbenen zu erinnern, die von allem befreit sind, was zur Erde gehört. Dann wimmelt es an einem jetzt so stillen Ort wie diesem ein paar Tage lang nur so von Menschen, die hierherkommen, um den Gott ihres Tempels zu ehren, ihm Opfer darzubringen, ihn zu feiern. Die Monstergestalten, die den Tempel immer bewachen, werden mit bunten Tüchern und Blu-

271

men geschmückt, als müsse ihr abschreckendes Äußeres für kurze Zeit gemildert und gezähmt werden. Ein von Geistern beseelter Ort, an dem Wort kommt man nicht vorbei.

In anderen *pura* werde ich später erkennbare Götter aus dem unendlichen Pantheon sehen, Shiva, Garuda, Ganesha als tanzenden Elefanten, der den Tempel bewacht, Traumfiguren für mich, lebende Wesen für denjenigen, der hierherkommt, um etwas zu erbitten, um zu gedenken, zu beschwören. Ein Stück weiter auf der kleinen Insel steht ein anderer Tempel, der *pura* Susunan Wadon. Wieder so eine nach oben strebende Konstruktion aus aufeinandergetürmten schweren Steinen, eine kleine Treppe aus drei ausgehauenen Stufen, wer zur obersten hinaufsteigt, steht mit seinem Körper vor einer Verzierung aus gemeißelten Blättern zwischen zwei Wächterfiguren. Ich bleibe unten und schaue auf das kleine Holztor inmitten des moosbedeckten Vulkangesteins, eine Art Tabernakel, doch es gibt niemanden, der mir sagen könnte, was sich in ihm befindet. Und als müsse es so sein, höre ich plötzlich aus der Ferne das an diesem Ort und in diesem Augenblick so verfremdende Rufen eines Muezzins, der die Welt daran erinnert, daß es auch andere Götter gibt. Nicht weit von hier befindet sich eine Siedlung buginesischer Fischer, Muslime, einst gefürchtete Seefahrer und Söldner, die vor Jahrhunderten aus Celebes nach Bali kamen. Jetzt beginnen die Bilder übereinanderzutaumeln, denn als wir auf dem Rückweg kurz bei einer Steinmetzwerkstatt anhalten, sehe ich, sehr kontrastreich, die Figur eines indonesischen Freiheitskämpfers mit drohend gehobenem Revolver und direkt daneben einen genauso hohen Buddha, der die Linke in der Mudra des Predigens hält, ein fremder Gott, der

Der Buddha und der Freiheitskämpfer

hier nicht hergehört und zugleich doch. Erst später erinnere ich mich, daß an dem eisernen Gitterzaun, der das Tempelgelände zur Flußseite hin abschloß, ein kolonialer niederländischer Löwe angebracht war, ein anachronistischer Tempelwächter, der seine Wirkung für immer verloren hat.

Goa Gajah

Wieviel muß man wissen? Was muß ich in einer romanischen Basilika wissen, wieviel in einer gotischen Kathedrale verstehen? Und wieviel muß ich wissen, wenn ich frühmorgens aufgestanden bin, nachdem jemand das Frühstück lautlos auf die Terrasse gestellt hat, vielleicht dieselbe Person, die bereits zuvor, als ich die Hähne krähen hörte, die ersten Opferblumen auf den Innenhof ge-

273

Goa Gajah, die Elefantenhöhle

legt hat, den ich auf dem Weg zum Tor überqueren muß, wo Ketut mich erwarten wird, um mich zur Goa Gajah, der Elefantenhöhle, zu bringen. Mit einem Elefanten hat diese Höhle nichts zu tun, soviel weiß ich. Wie jeden Abend vor dem Schlafengehen habe ich gelesen, bis mir schwindlig wurde, mit jeder Sekunde ist die Insel, auf der ich mich befinde, älter geworden, Kulisse mythischer Kämpfe zwischen Licht und Dunkel, Gut und Böse sowie anderer, historischer Kriege zwischen verschiedenen balinesischen Königreichen und des vergessenen Kampfes zwischen balinesischen Fürsten und dem javanischen Reich Majapahit. In allen diesen Geschichten wirkt die kleine Insel wie sich selbst weggenommen, Spielball äußerer Kräfte, der große Strom der Geschichte ist über sie hinweggegangen, alles, was ich sehen werde, ist das Produkt eines unaufhörlichen Wandels, in dem die Zeit der niederländischen Herrschaft trotz dramatischer Ereignisse zu Beginn des vorigen Jahrhunderts lediglich eine flüchtige Episode ist. Es beginnt düster wie immer, Prähistorie, Geschichte ohne Geschichte, man starrt in seinem Buch auf geheimnisvolle Gegenstände, die von einer Vorzeit erzählen wollen, dann kommt die große Maschinerie in Gang, Einflüsse aus dem, was wir heute Indien und China nennen, Götter, Heilige und Dämonen sind in veränderter Gestalt in diesen Regionen zurückgeblieben, Hinduismus hat sich mit Buddhismus vermischt, Tempelwächter haben sich chinesische Masken aufgesetzt, die Richtung, in der ein Berg liegt, will etwas Günstiges über die Zukunft erzählen, alles, aber auch wirklich alles wird vom Kampf zwischen der Oberwelt aus Bergen und Göttern und der Unterwelt der Dämonen bestimmt. Dazwischen liegt die *madyapada*, die Welt der Menschen, die zusehen müssen, wie sie mit Gut und Böse zurechtkommen, Unheil mit magischen Handlungen und Opfern beschwören, auf der Suche nach der Freistatt, an der all diese Gegensätze nichts mehr bedeuten, wo die Seele von der Welt befreit ist und ins Unbenennbare heimkehrt.

Sind die Menschen auf den Motorrollern um mich herum die gleichen wie die von den Tempelzeremonien? Und was für eine Transformation ist das dann? Ich sehe mir ihre Gesichter unter den Helmen an, paßt ein hoher Stapel Opferfrüchte noch darauf? An der Ampel kann ich schauen, soviel ich will, es ist nichts zu sehen. Nicht eines dieser Gesichter will verraten, daß sein Besitzer ein individuelles Produkt einer vieltausendjährigen asiatischen Geschichte ist, einer gigantischen Mischung aus Kosmologie, Mythos, Religion, Krieg und Frieden, und das ist eine historische Sichtweise und zugleich eine objektive Wahrheit. Was Ketut darüber denken würde, werde ich nie erfahren. Er erzählt von seiner Tochter, die mit Erfolg die Schule besucht, von seiner Frau, die in dem Hotel in der Hauptstraße arbeitet, in dem ich mittags manchmal einen Ingwerpfannkuchen esse, eine der grazilen Gestalten, die sich lautlos über die Terrasse bewegen und einem mit sanften Worten etwas servieren. Über die Wahlen will er auch mit mir sprechen, aber eigentlich interessiert ihn das nicht, sagt er. Der große Anschlag hier auf der Insel, das machen Menschen, mit denen er nichts zu tun haben will, das ist nicht sein Islam. Er will, daß weiterhin Fremde auf die Insel kommen und daß er sie nach Bedulu und Goa Gajah bringen kann, wie jetzt.

Der Kolonialismus hatte viele Gesichter, die meisten wollen wir nicht mehr wahrnehmen. Doch als ich die steile Treppe in die Höhle hinabsteige, denke ich an die Niederländer, die dies als erste angetroffen und für die Nachwelt erhalten haben. Bernet Kempers hat sein monumentales Werk Willem Frederik Stutterheim gewidmet, einst Direktor der archäologischen Behörde im verschwundenen

Niederländisch-Indien, der die japanische Besetzung nicht überlebte. Er war einer der größten Balikenner, jemand, den Bernet Kempers wegen seines profunden Wissens sehr bewunderte, doch er nennt auch andere, wie zum Beispiel den jungen Verwaltungsbeamten L. C. Heyting, der 1923 den ersten Bericht über Goa Gajah schrieb, den Maler W. O. J. Nieuwenkamp, der jahrelang auf Bali lebte und ein glänzendes Buch hinterlassen hat, und vor allem den Archäologen J. C. Krijgsman.

Etwas in Wirklichkeit zu sehen, was man bis dahin nur von Fotos kannte, ist immer merkwürdig. Ein riesenhaftes Gorgonenhaupt, das ist meine erste Assoziation. Es sind keine anderen Besucher da, die Stille ist absolut, die beiden riesengroßen, wütenden Augen der steinernen Hexe sind zur Seite gerichtet, das Haupt herausgehauen aus einer Berglandschaft mit alptraumartigen Figuren, ein asiatischer Hieronymus Bosch in Stein, ein bärenähnliches Wesen, das mit einem Stock gepiekst wird, eine Landschildkröte, ein kleiner Mann, der, während er über den Felsen klettert, sein Lendentuch verliert und so seine Hoden den Blicken preisgibt, es ist ein Wald, in dem man sich nachts nicht verirren möchte. Auf einem Foto von 1925 habe ich gesehen, daß einst Frauentorsi auf dem Boden neben dem Eingang standen, mit den vollkommen runden Brüsten der geometrischen Erotik. Wie alle vor mir trete ich in die T-förmige Höhle ein, es ist dunkel, feucht, ich sehe die angekündigten Nischen, die beiden schwarz gewordenen Lingam, von denen Bernet Kempers in seinem Buch schreibt, Shiva-Symbole, Häupter ohne Gesicht, jedes mit einem Tuch um einen Hals, der kein Hals ist. Das Relief einer Blume? eines Bandes? in der Mitte, sie haben keine Augen, und doch hat es den Anschein, als sähen sie mich an. Shiva-Linga, Weltenlenker, in dem das Universum entspringt und untergeht, Symbol eines höchsten Wesens, das *keine* Form hat und *jede* Form. Sie sehen in diesem Halbdunkel phallisch aus, doch indische Gelehrte weisen diese »westlichen« Vorstellungen zurück, und wer mischt sich schon gern in eine Auseinandersetzung unter Spezialisten ein? Ich belasse es beim Schauen, bin mir aber meiner unglaublichen Unwissenheit in bezug auf die Bedeutung dieser Bilder bewußt, was mich, während ich schaue, gleichzeitig für vieles von dem blind macht, was ich sehe. Ich streiche mit der Hand über die dunklen Wände, fühle mich in dieser Höhle wie eine nicht ganz gelungene Fledermaus, denke an die wimmelnden Ungeheuer über meinem Kopf, beschließe, mich den Rätseln einfach zu überlassen, und bin erleichtert, als ich wieder nach draußen ins plötzlich blendende Licht komme. Wo ich jetzt stehe, stand 1954 der Archäologe Krijgsman zwischen den Frauenfiguren auf dem Foto aus 1925 und blickte auf so etwas wie einen Innenhof. Etwas daran jedoch war merkwürdig. Daß die Frauenfiguren einst die Funktion eines Wasserspeiers gehabt hatten, war ihm klar, aber wie? Es bestand keine Verbindung zwischen den steinernen Frauen und dem nahe gelegenen kleinen Teich. Und doch berichteten die Leute aus der Umgebung von einer Wasserstelle oder einer Quelle, die es dort früher gegeben haben mußte. Krijgsman ließ graben, stieß zunächst auf ein paar Treppenstufen, danach auf eine tief aus dem Boden ausgehauene zweiteilige Badestelle, eine für Männer, eine für Frauen. Das Wasser aus der Quelle wurde über die fehlenden Unterkörper der jetzt wieder miteinander verbundenen Torsi in die großen Becken geleitet, Wasser-

278

Goa Gajah

nymphen, die auf einmal wieder Beine hatten und unter ihren runden Brüsten Krüge hielten, aus denen das Wasser in die Becken strömte. Ich setze mich an den Beckenrand und betrachte die Frauen. In den fünfzig Jahren seit ihrer Entdeckung sind die steinernen Tücher um ihre Lenden durch das unaufhörlich strömende Wasser mit Moos bewachsen. Ich studiere ihre Gesichter, jedes mit dem gleichen Ausdruck, Augen und Mund geschlossen, abwesend, als wären sie mit den Gedanken woanders. In der Stille lausche ich dem Plätschern des Wassers. Als ich später aufstehe und mich von der Höhle entferne, ist es, als käme ich in einen kleinen Regenwald, Palmen und große Farne beiderseits eines Pfads, der, bergauf und bergab, weiter in die Schlucht hineinführt. Ich begegne einem Jungen, der im Spalt eines zerborstenen Felsblocks steht, ein umgestürztes Monument, dessen Verzierungen er mit einer Bürste säubert. Später sehe ich in einer Nische zwei Buddhas, weiter unten einen Teich mit Seerosen, und als der Pfad wieder

279

Pura Besakih

ansteigt, habe ich den Eindruck, ich könnte Stunden so weitergehen zwischen den Hügeln. Alles ist Fruchtbarkeit, Schwere, es riecht nach Morast oder Moschus, unter den hohen Bäumen tanzen fächelnde Licht- und Schattenflekken, mir ist, als sei ich erst jetzt angekommen.

Das ist natürlich Unsinn, doch jetzt, nachdem ich eine Woche hier bin, scheint es, als hätte ich meine eigene Existenz vorübergehend abgelegt, so wie man aus einem Mantel schlüpft. Sie ist irgendwo anders, und währenddessen streife ich hier umher in einem verzierten Vakuum. Ein Tag folgt auf den anderen, abends die Frau mit dem Buch, aus der Ferne Gamelanmusik, morgens das kleine Blumenopfer auf dem Weg nach draußen, die lautlosen Füße sind mit dem Frühstück gekommen, am Tor wartet Ketut und bringt mich nach Yeh Pulu mit seinen versteinerten Wajangfiguren als Rätseln in der Felswand entlang den Reisfeldern, nach Pura Besakih, der großen Tempelanlage mit ihren endlosen Treppen in den Hügeln unterhalb des heiligen Berges Gunung Agung. Ich gehe auf schmalen Deichen durch die *sawahs* zu wieder anderen Tempeln, betrachte das Spiegelbild von Palmen im stillen Wasser unter den grünen Reispflanzen, sehe, wie unter einem aus Schilf geflochtenen Vordach Mr. Buddha, *woodcarver*, eine Götterfigur aus frischem Holz schnitzt, das noch nach Holz duftet, höre Glocken und Stimmen von Priestern, die ihre Zeremonien vollziehen, versuche, die Bilder zu behalten, und weiß, daß es mir nicht gelingen wird, daß alles sich zu einer Erinnerung verdichten wird, die ich Bali nennen werde, lese abends, was ich gesehen habe, und sehe am nächsten Tag, was ich gelesen habe, Fabeln und Traumgeschichten, übersetzt von Wort in Stein und von Stein in Wort.

Legong

Am letzten Abend wird ein Legong-Tanz im Ancak Saji Ubud Palace Court aufgeführt. Die Musik habe ich bereits an anderen Abenden von fern gehört, es klang wie eine ewig während Wiederholung, ein Klingklang und Singen von Holz und Metall, untermalt von den dunkleren Lauten schwerer Trommeln oder Gongs, darüber ein hohes Flöten, das in Kreisen durch die Nacht zu schweben schien. Ich sitze hinter den Musikern, die wiederum hinter ihren Instrumenten einer zweiten Gruppe auf der anderen Seite der Tanzfläche gegenüberhocken. Die Musik, die keinen Anfang und kein Ende zu haben scheint, zieht Kreise um uns, man denkt an Steve Reich oder Philip Glass, doch jeder Versuch einer Beschreibung oder Analyse verfliegt, was man hört, sind ineinanderfließende Rhythmen, manchmal ganz kurz eine abrupte Stille, dann ein Spiel fast unmerklich ansteigender und absinkender Klänge, worauf alles wieder von vorn beginnt. Man weiß, daß diese Musik auf Zählen basiert, das so natürlich geworden ist wie Atmen, Zählen, das gleich in den Rhythmus der Tänze übergehen wird, in eine Geometrie in den Raum gezeichneter Gebärden, Hände, Füße und Arme zu Positionen verbogen, die ihre je eigene Bedeutung haben. Man sieht den jungen Frauen zu, die den Tanz aufführen, sieht ihren goldenen Kopfputz, den Brokat ihrer Kleidung, die skulptierten Formen, die ihre Finger in der Luft annehmen, die großen Augen, die sich manchmal jedes für sich und entgegen der Kopfrichtung zu bewegen scheinen. Es sind Fragmente, die man wahrnimmt, eine Auswahl für den Fremden, doch das schmälert die Verzauberung nicht. Man weiß, daß jede dieser Bewegungen einer jahrhundertealten Tradition entstammt, daß es lebendes Altertum ist, was man sieht. *Topeng keras*, ein Maskentanz, viril und bösartig, die Geschichten, die ich im Stein betrachtet habe, nun mit Körpern erzählt, *ramayana*, *legong*, eine Liebesgeschichte von Anziehen, Abstoßen, Drama und Tod, getanzt von drei Mädchen, ich weiß, daß ich nicht sehe, was Nieuwenkamp und Covarrubias in den zwanziger und dreißiger Jahren gesehen haben, daß ich dafür zu spät gekommen bin, doch alles ist Farbe und Pracht, die Musik hebt in ihrer ewigen Wiederholung den Gedanken an die Zeit auf, als würde schon das Zählen, das ihr zugrunde liegt, in so etwas wie einem geflüsterten Wellenschlag aufgehen, der sich seinerseits in die Nacht hinein verliert. Zum Abschluß treten die Musiker noch einmal vor. Ich blicke in ihre Gesichter und denke an die Gesichter auf den Motorrollern, als könne es nicht sein, daß es die gleichen sind, daß es Zauberei wirklich gibt.

Inmitten der anderen gehe ich durch die nächtliche Straße zu meinem Zimmer zurück. Der Nachtwächter am Eingang schläft und gleicht so einem der maskierten Tänzer. Ich mache meine Kreuze auf dem Frühstückszettel, der vor ihm liegt, Toast, Kaffee, *telor*. Die Frau von Zimmer 3 liest, wie jeden Abend.

Auf der Terrasse rücke ich den Stuhl dicht ans Holzgeländer und lausche dem Fluß tief unter mir, der rauschend und flüsternd von allem erzählt, was ich nicht gesehen habe, ein Fragezeichen des Abschieds und der Wiederkehr, das Zeichen des Reisenden.

2010

Zitatnachweis

1. Über Kap Hoorn nach Montevideo. Schiffsjournal I
Pablo Neruda, Ich bekenne, ich habe gelebt. Memoiren
Ü: Curt Meyer-Clason
Luchterhand Literaturverlag, München 2003

Dante, *Die Göttliche Komödie*
Ü: Konrad Falke
I. P. Verlagsgesellschaft International Publishing GmbH, München 1995

3. Broome 1942. Ein niederländisches Kriegsdrama
Béla Hamvas, Kierkegaard in Sizilien. Essays
Ü: Akos Doma
Matthes & Seitz, Berlin 2006

5. Die Ruderer von Port Dauphin. Schiffsjournal II
Anton Tschechow, Onkel Wanja
Ü: Hans Walter Poll
Reclam, Stuttgart 1988

Inhaltsverzeichnis